勘定科目
一覧表

ミシン目より
切り取って
仕訳の暗記に
役立ててください。

計　算　書

収益の勘定

- 売上
- 受取家賃
- 受取地代
- 受取手数料
- 受取利息
- 雑益
- 貸倒引当金戻入
- 償却債権取立益
- 固定資産売却益

※1　より具体的な勘定科目を用いる場合もあります。
※2　なお、ここに示した勘定科目は仕訳目的の科目であって、財務諸表表示目的の科目は除外されています。

損　益

費用の勘定

- 仕入
- 売上原価
- 発送費
- 給料
- 法定福利費
- 広告宣伝費
- 支払手数料
- 支払利息
- 旅費交通費
- 貸倒引当金繰入
- 貸倒損失
- 減価償却費
- 通信費
- 消耗品費
- 水道光熱費
- 支払家賃
- 支払地代
- 保険料
- 租税公課
- 修繕費
- 雑費
- 雑損
- 固定資産売却損
- 保管費
- 諸会費
- 法人税、住民税及び事業税

その他の勘定

- 現金過不足
- 損益

代表的なもの)

対　照　表

負債の勘定

- 支払手形
- 買掛金
- 電子記録債務
- 前受金
- 借入金
- 役員借入金
- 手形借入金
- 当座借越
- 未払金
- 仮受金
- 未払費用
- 前受収益
- 預り金
- 従業員預り金
- 所得税預り金
- 社会保険料預り金
- 仮受消費税
- 未払消費税
- 未払法人税等
- 未払配当金

資本(純資産)の勘定

- 資本金
- 利益準備金
- 繰越利益剰余金

勘定科目一覧表

貸　借

資産の勘定

- 現金
- 小口現金
- 当座預金
- 当座預金○○銀行
- 普通預金
- 普通預金○○銀行
- 定期預金
- 定期預金○○銀行
- 受取手形
- 売掛金
- クレジット売掛金
- 電子記録債権
- (△)貸倒引当金
- 繰越商品
- 貸付金
- 手形貸付金
- 従業員貸付金
- 役員貸付金
- 立替金
- 従業員立替金
- 前払金
- 未収入金
- 仮払金
- 受取商品券
- 差入保証金
- 貯蔵品
- 仮払消費税
- 仮払法人税等
- 前払費用（※）
- 未収収益（※）
- 建物
- (△)建物減価償却累計額
- 備品
- (△)備品減価償却累計額
- 車両運搬具
- (△)車両運搬具減価償却累計額
- 土地

1.2
1.2…

TACセレクト

究極の仕訳集 日商簿記 3級

TAC簿記検定講座
編著

はじめに

「簿記といえば仕訳」というくらい、簿記を学習するうえで仕訳は重要なものです。また、2021年度からの新たな試験方式に伴い、第１問における仕訳の配点が45点となり、より重要なものとなりました。

ところが、はじめて簿記を学習される方にとって、取引から勘定科目を選択して金額をうめるという作業（仕訳を行う作業…これを「仕訳を切る」といいます）は、とっつきにくいものでもあります。

そこで本書は、仕訳を効率的にマスターしていただくことを目的として、日商３級で出題される基本仕訳を130問にまとめ、仕訳を作る際の考え方に重点をおいた解説をつけました。

また、重要度の高い仕訳から習得していただけるよう、重要度を２段階（Ａランクと B ランク）で示しています。

さらに、実際の出題形式に慣れていただくため、本試験演習編では、第1問対策、第2問対策、第３問対策として、実際の試験問題と同レベルの問題およびその解説も収載しました。

したがって、本書の活用により、日商３級の仕訳を効率的・効果的にマスターしていただくことができると確信しています。

通勤・通学の電車内や家事の合間など、ちょっとした時間に本書を開き、仕訳をマスターして、日商簿記検定試験に合格されることを心から願っております。

ＴＡＣ簿記検定講座

本書は、「究極の仕訳集　日商簿記３級　第５版」につき、2022年度の試験範囲および最新の出題傾向にもとづき、改訂を行ったものです。

本書の使い方

本書は、日商簿記検定に出題される基礎的な仕訳をまとめた「基本仕訳編」と、本試験で出題される仕訳問題をまとめた「本試験演習編」に分かれています。なお、本書では、**商品売買の記帳方法は「三分法」を前提**としています。

基本仕訳編

日商簿記検定3級で出題される仕訳をカンタンな設例により確認できるようになっています。苦手な箇所がなくなるまで、繰り返し演習してください。

左ページ：問題

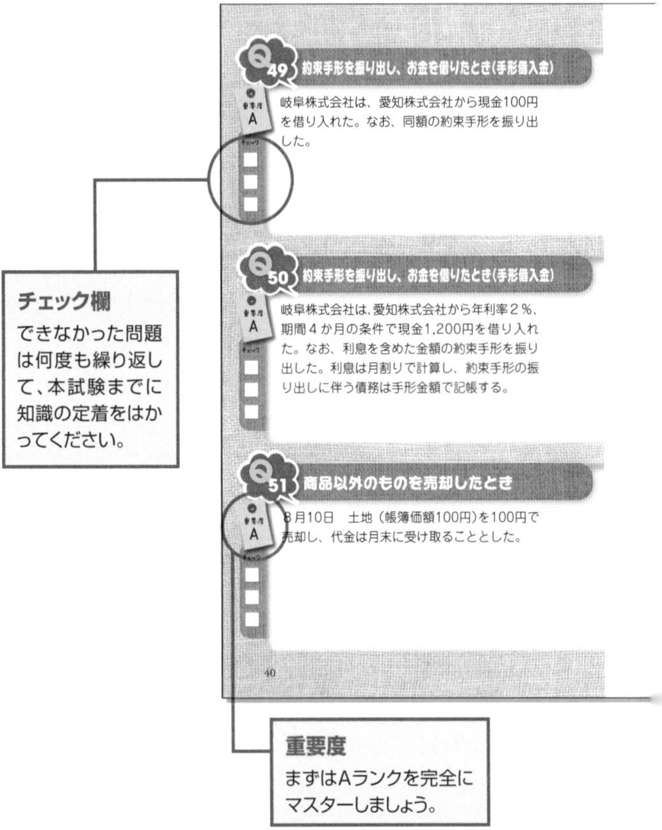

ポイント解説

間違えやすいところや覚えておきたいポイントを示しています。

右ページ：解答

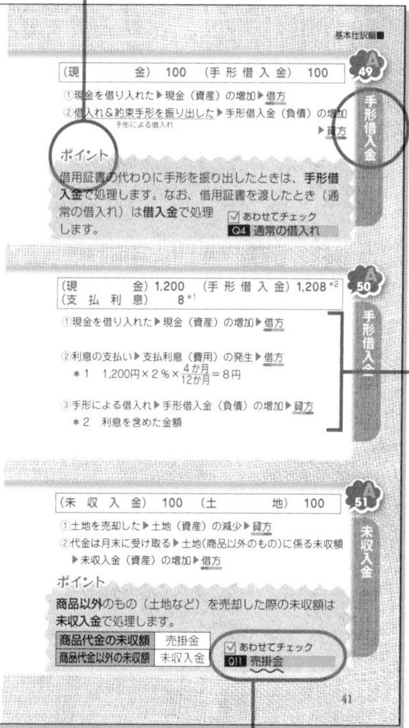

基本仕訳編■

A 49

(現　　　　金)	100	(手形借入金)	100

①現金を借り入れた▶現金（資産）の増加▶借方

②借入れ＆約束手形を振り出した▶手形借入金（負債）の増加▶貸方

手形による借入れ

手形借入金

ポイント

借用証書の代わりに手形を振り出したときは、**手形借入金**で処理します。なお、借用証書を渡したとき（通常の借入れ）は**借入金**で処理します。

☑あわせてチェック

Q4 通常の借入れ

A 50

(現　　　　金)	1,200	(手形借入金)	1,208 *2
(支払利息)	8 *1		

①現金を借り入れた▶現金（資産）の増加▶借方

②利息の支払い▶支払利息（費用）の発生▶借方

＊1　$1{,}200円 \times 2\% \times \frac{4か月}{12か月} = 8円$

③手形による借入れ▶手形借入金（負債）の増加▶貸方

＊2　利息を含めた金額

手形借入金

A 51

(未収入金)	100	(土　　　　地)	100

①土地を売却した▶土地（資産）の減少▶貸方

②代金は月末に受け取る▶土地(商品以外のもの)に係る未収額▶未収入金（資産）の増加▶借方

未収入金

ポイント

商品以外のもの（土地など）を売却した際の未収額は**未収入金**で処理します。

商品代金の未収額	売掛金
商品代金以外の未収額	未収入金

☑あわせてチェック

Q11 売掛金

41

論点名

論点名を右側にまとめることで、探しやすくしてあります。苦手な論点だけをピックアップして重点的に学習することができます。

仕訳の思考回路（解説）

仕訳作成の思考プロセスをトレースした一読明快な解説です。必要に応じて計算式も入れています。

あわせてチェック

混乱しやすい仕訳はあわせて確認することで、知識を確かなものにしておきましょう。問題番号の横には演習にあたり、意識したいポイント（〰〰部分）を示しています。

本試験演習編

本試験レベルの仕訳問題を第1問、第2問、第3問から本試験形式（全部または一部）でピックアップしました。基本仕訳編で身につけた知識をフル活用してチャレンジしてみてください。

左ページ：問題

第1問対策
本試験の第1問で出題される勘定科目指定の仕訳問題です。

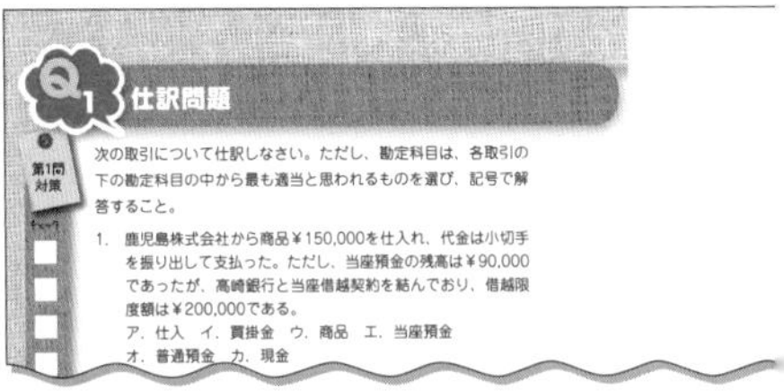

Q1 仕訳問題

第1問対策

次の取引について仕訳しなさい。ただし、勘定科目は、各取引の下の勘定科目の中から最も適当と思われるものを選び、記号で解答すること。

1. 鹿児島株式会社から商品¥150,000を仕入れ、代金は小切手を振り出して支払った。ただし、当座預金の残高は¥90,000であったが、高崎銀行と当座借越契約を結んでおり、借越限度額は¥200,000である。
ア．仕入　イ．買掛金　ウ．商品　エ．当座預金
オ．普通預金　カ．現金

第2問対策
本試験の第2問で出題される「補助簿の選択」「伝票」「訂正仕訳」「決算振替仕訳」「証ひょう」の問題です。

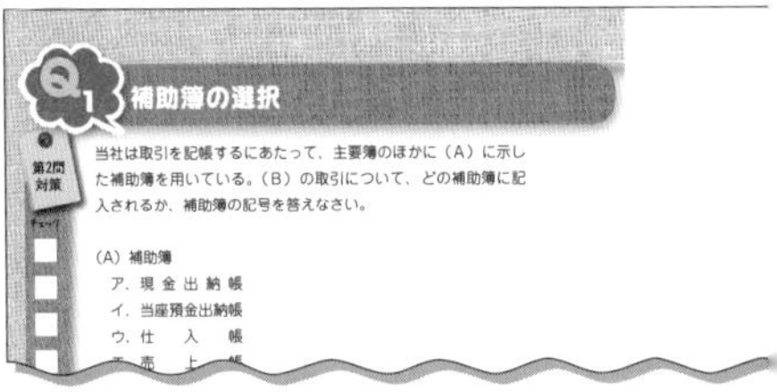

Q1 補助簿の選択

第2問対策

当社は取引を記帳するにあたって、主要簿のほかに（A）に示した補助簿を用いている。（B）の取引について、どの補助簿に記入されるか、補助簿の記号を答えなさい。

（A）補助簿
ア．現金出納帳
イ．当座預金出納帳
ウ．仕入帳

第3問対策
本試験の第3問で出題される「決算整理仕訳」の問題です。

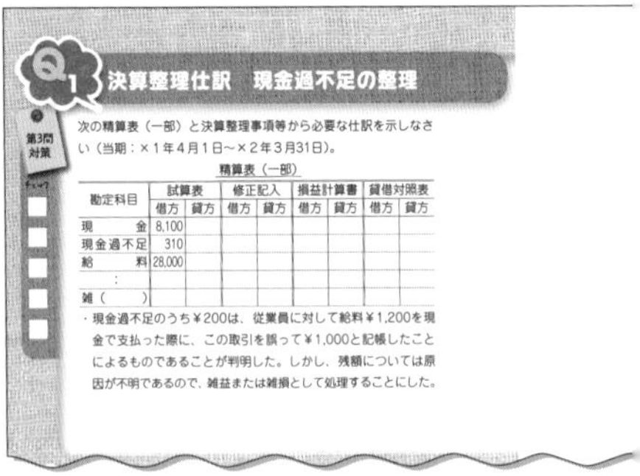

Q1 決算整理仕訳　現金過不足の整理

第3問対策

次の精算表（一部）と決算整理事項等から必要な仕訳を示しなさい（当期：×1年4月1日～×2年3月31日）。

精算表（一部）

勘定科目	試算表		修正記入		損益計算書		貸借対照表	
	借方	貸方	借方	貸方	借方	貸方	借方	貸方
現　　金	8,100							
現金過不足	310							
給　　料	28,000							
：								
雑（　　）								

・現金過不足のうち¥200は、従業員に対して給料¥1,200を現金で支払った際に、この取引を誤って¥1,000と記帳したことによるものであることが判明した。しかし、残額については原因が不明であるので、雑益または雑損として処理することにした。

右ページ：解答

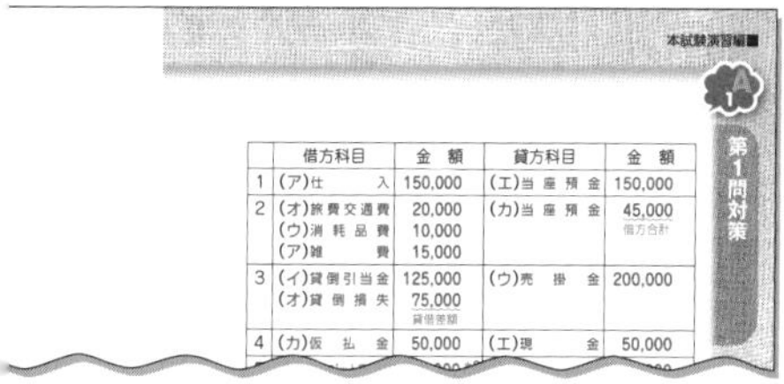

本試験演習編

A 1

第1問対策

	借方科目	金　額	貸方科目	金　額
1	(ア)仕　入	150,000	(エ)当座預金	150,000
2	(オ)旅費交通費 (ウ)消耗品費 (ア)雑　費	20,000 10,000 15,000	(カ)当座預金	45,000 借方合計
3	(イ)貸倒引当金 (オ)貸倒損失	125,000 75,000 貸借差額	(ウ)売　掛　金	200,000
4	(カ)仮　払　金	50,000	(エ)現　金	50,000

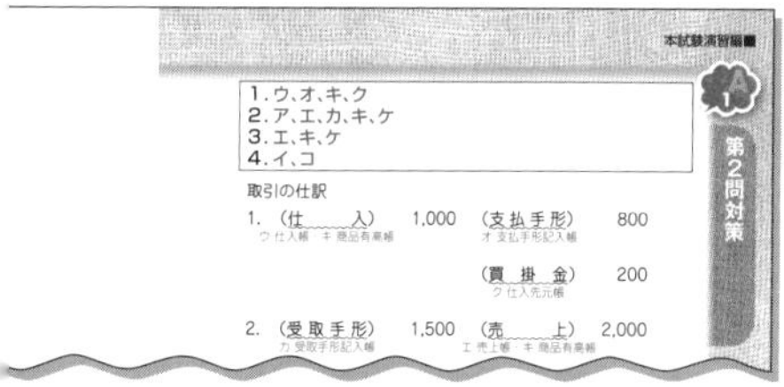

本試験演習編

A 1

第2問対策

1．ウ、オ、キ、ク
2．ア、エ、カ、キ、ケ
3．エ、キ、ケ
4．イ、コ

取引の仕訳

1.	(仕　入) ウ 仕入帳・キ 商品有高帳	1,000	(支払手形) オ 支払手形記入帳	800
			(買　掛　金) ク 仕入先元帳	200
2.	(受取手形) カ 受取手形記入帳	1,500	(売　上) エ 売上帳・キ 商品有高帳	2,000

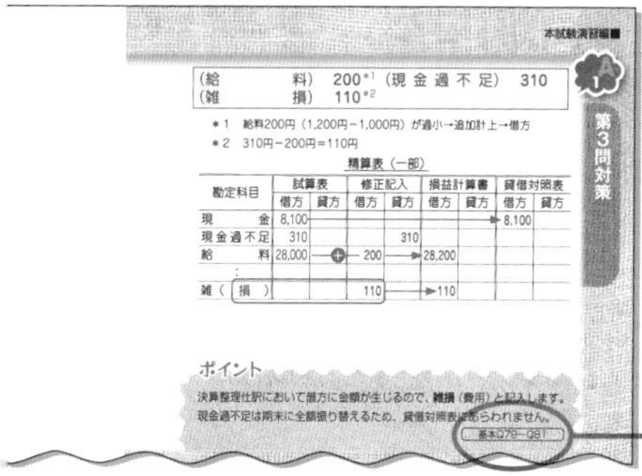

本試験演習編

A 1

第3問対策

(給　料)	200*1	(現金過不足)	310
(雑　損)	110*2		

＊1　給料200円（1,200円－1,000円）が過小→追加計上→借方

＊2　310円－200円＝110円

精算表（一部）

勘定科目	試算表		修正記入		損益計算書		貸借対照表	
	借方	貸方	借方	貸方	借方	貸方	借方	貸方
現　金	8,100						8,100	
現金過不足	310			310				
給　料	28,000		200		28,200			
：								
雑（損）			110		110			

ポイント

決算整理仕訳において借方に金額が生じるので、雑損（費用）と記入します。現金過不足は期末に全額振り替えるため、貸借対照表にあらわれません。

基本Q79～Q81

基本仕訳リンク

基本仕訳編での掲載箇所を示しています。間違えてしまったときには、基本仕訳編の該当箇所に戻りましょう。

本書を利用して効率的に合格しよう!

簿記は仕訳に始まり、仕訳に終わるといっても過言ではありません。もちろん、日商簿記検定も同じことです。ここで、日商簿記検定3級の出題パターンとその中で仕訳をマスターすれば解答可能な論点を見ておきましょう。

3級の出題パターン　（

が仕訳論点です）

第1問　**勘定科目指定の仕訳問題15題** 

第2問　帳簿（うち補助簿の選択）

- **取引の仕訳** 

→補助簿の選択
- **伝票・訂正仕訳・決算振替仕訳** 

第3問　財務諸表問題

- 決算整理前残高試算表（資料として与えられます）
- ＋
- **決算整理仕訳** 

- ＋
- 集計（足したり、引いたり…）→P/L・B/Sへ転記

このように、3級の問題はほとんどが仕訳をマスターすることでカバーできるのです。本書を活用して、効率的な学習を実現し、ぜひ短期合格を目指してください。

目　次

ウォーミングアップ編

3級の仕訳に入る前に、仕訳の基礎の基礎を確認しておきましょう。
資産・負債・資本・収益・費用のホームポジションはしっかりおぼえていますか？

Q1 勘定科目の分類

次の勘定科目を資産または負債に区分しなさい。

チェック
□□□□□

(1) 現金　(2) 当座預金　(3) 借入金
(4) 貸付金　(5) 売掛金　(6) 買掛金
(7) 土地

Q2 勘定科目の分類

次の勘定科目を収益または費用に区分しなさい。

チェック
□□□□□

(1) 仕入　(2) 売上　(3) 水道光熱費
(4) 支払家賃　(5) 受取利息　(6) 消耗品費
(7) 支払利息　(8) 雑損　(9) 減価償却費
(10) 受取手数料　(11) 固定資産売却益　(12) 租税公課

A1

(1) 現　　金…紙幣など▶あるとうれしいもの▶資産
(2) 当座預金…預金の一種▶あるとうれしいもの▶資産
(3) 借 入 金…あとでお金を返さなければならない義務
▶あると気が重いもの▶負債
(4) 貸 付 金…あとでお金を返してもらえる権利
▶あるとうれしいもの▶資産
(5) 売 掛 金…あとで代金を受け取れる権利
▶あるとうれしいもの▶資産
(6) 買 掛 金…あとで代金を支払わなければならない義務
▶あると気が重いもの▶負債
(7) 土　　地…あるとうれしいもの▶資産

ポイント

モノや権利など「あるとうれしいもの」は資産、債務（義務）など「あると気が重いもの」は負債と考えましょう。

A2

(1) 費　用	(2) 収　益	(3) 費　用
(4) 費　用	(5) 収　益	(6) 費　用
(7) 費　用	(8) 費　用	(9) 費　用
(10) 収　益	(11) 収　益	(12) 費　用

ポイント

売上のほか、主に「受取〜」「〜益」という勘定科目は収益です。
仕入のほか、主に「支払〜」「〜費」「〜損」という勘定科目は費用です。

Q3 借方と貸方

チェック

次の要素の増減は仕訳上、左側（借方）と右側（貸方）のどちらに記載されるかを答えなさい。

	要素の増減
(1)	資産が増えた
(2)	資産が減った
(3)	負債が増えた
(4)	負債が減った
(5)	資本が増えた
(6)	資本が減った

Q4 借方と貸方

チェック

次の要素の増減は仕訳上、左側（借方）と右側（貸方）のどちらに記載されるかを答えなさい。

	要素の増減
(1)	収益が増えた（発生した）
(2)	収益が減った（消滅した）
(3)	費用が増えた（発生した）
(4)	費用が減った（消滅した）

A3

借方・貸方

(1) 左側（借方）　(2) 右側（貸方）　(3) 右側（貸方）
(4) 左側（借方）　(5) 右側（貸方）　(6) 左側（借方）

ポイント

資産は**左側（借方）の要素**なので、**増えたら左側**（借方）、**減ったら右側**（貸方）に記入します。
負債と**資本（純資産）**は**右側（貸方）の要素**なので、**増えたら右側**（貸方）、**減ったら左側**（借方）に記入します。

貸借対照表

資産	負債
	資本（純資産）

A4

借方・貸方

(1) 右側（貸方）　(2) 左側（借方）　(3) 左側（借方）
(4) 右側（貸方）

ポイント

収益は**右側（貸方）の要素**なので、**増えたら右側**（貸方）、**減ったら左側**（借方）に記入します。
費用は**左側（借方）の要素**なので、**増えたら左側**（借方）、**減ったら右側**（貸方）に記入します。

損益計算書

費用	収益
利益	

基本仕訳編

基本仕訳編では3級で学習する仕訳を130問にまとめています。このうち、まずは重要度Aを徹底的に固めましょう。
準備はいいですか？
それでは、はじめましょう！

Q1 お金を貸したとき

重要度 A

チェック

北海道株式会社は、青森株式会社に対して現金100円を貸し付けた。

Q2 利息を受け取ったとき

重要度 A

チェック

北海道株式会社は、青森株式会社から貸付金の利息（受取利息）5円を現金で受け取った。

Q3 お金を返してもらったとき

重要度 A

チェック

北海道株式会社は、青森株式会社から貸付金100円の返済を受け、現金を受け取った。

A 1

仕訳の基礎

（貸　付　金）	100	（現　　　金）	100

①現金を貸し付けた▶現金（資産）が減る▶貸方
あるとうれしいもの

②貸し付けた▶貸付金（資産）が増える▶借方
お金を返してもらえる権利
→ あるとうれしいもの

ポイント

資産の**増加**は**借方**に、**減少**は**貸方**に記入します。
なお、役員にお金を貸したときは**役員貸付金**で、従業員にお金を貸したときは**従業員貸付金**で処理することがあります。試験では勘定科目一覧に注目！

あわせてチェック
Q47 手形貸付金

A 2

仕訳の基礎

（現　　　金）	5	（受　取　利　息）	5

①現金で受け取った▶現金（資産）が増える▶借方

②利息を受け取った▶受取利息（収益）の発生▶貸方

ポイント

仕訳はわかるところからうめましょう。先に借方（左側）に現金がうまるので、あいている貸方（右側）に受取利息（収益）を記入します。
なお、**収益**（の発生）は**貸方**に記入します。

A 3

仕訳の基礎

（現　　　金）	100	（貸　付　金）	100

①現金を受け取った▶現金（資産）が増える▶借方

②貸付金の返済▶貸付金（資産）が減る▶貸方

Q4 お金を借りたとき

重要度 A

チェック □ □ □

青森株式会社は、北海道株式会社より現金100円を借り入れた。

Q5 利息を支払ったとき

重要度 A

チェック □ □ □

青森株式会社は、北海道株式会社へ借入金の利息（支払利息）10円を現金で支払った。

Q6 お金を返したとき

重要度 A

チェック □ □ □

青森株式会社は、北海道株式会社より借り入れていた100円を現金で返済した。

A4

(現　　　　金)	100	(借　入　金)	100

①現金を借り入れた▶現金（資産）が増える▶借方

②借り入れた▶借入金（負債）が増える▶貸方

お金を返さなければ
ならない義務
→ あると気が重いもの

ポイント

負債の**増加**は**貸方**に、**減少**は**借方**に記入します。なお、役員からお金を借りたときは**役員借入金**で処理する場合があります。試験では勘定科目一覧に注目！

あわせてチェック
Q49 手形借入金

A5

仕訳の基礎

(支　払　利　息)	10	(現　　　　金)	10

①現金で支払った▶現金（資産）が減る▶貸方

②利息を支払った▶支払利息（費用）の発生▶借方

ポイント

費用（の発生）は**借方**に記入します。

A6

仕訳の基礎

(借　入　金)	100	(現　　　　金)	100

①現金で返済した▶現金（資産）が減る▶貸方

②借入金を返済した▶借入金（負債）が減る▶借方

Q7 現金で仕入れたとき(三分法)

重要度 A

チェック □ □ □

商品100円を仕入れ、代金は現金で支払った。なお、三分法で処理すること。

Q8 現金で売り上げたとき(三分法)

重要度 A

チェック □ □ □

商品150円を売り上げ、代金は現金で受け取った。なお、三分法で処理すること。

Q9 掛けで仕入れたとき

重要度 A

チェック □ □ □

商品10個を１個あたり10円で仕入れ、代金は掛けとした。なお、三分法で処理すること。

A 7

商品売買

（仕　　入）	100	（現　　金）	100

①現金で支払った▶現金（資産）の減少▶貸方

②商品を仕入れた▶仕入（費用）の発生▶借方

ポイント

三分法は、商品を仕入れたときは**仕入勘定**に、売り上げたときは**売上勘定**に記入し、期末に残っている商品を仕入勘定から**繰越商品勘定**に振り替える方法です。

A 8

商品売買

（現　　金）	150	（売　　上）	150

①現金で受け取った▶現金（資産）の増加▶借方

②商品を売り上げた▶売上（収益）の発生▶貸方

A 9

商品売買

（仕　　入）	100＊	（買　掛　金）	100

①商品を仕入れた▶仕入（費用）の発生▶借方

＊　@10円×10個＝100円

②掛け仕入▶買掛金（負債）の増加▶貸方

あとでお金を払わなければ
ならない義務
→ あると気が重いもの

あわせてチェック
Q53 未払金

Q10 買掛金を支払ったとき

重要度 A

チェック □ □ □

買掛金100円を現金で支払った。

Q11 掛けで売り上げたとき

重要度 A

チェック □ □ □

商品10個を1個あたり15円で売り上げ、代金は掛けとした。なお、三分法で処理すること。

Q12 売掛金を回収したとき

重要度 A

チェック □ □ □

売掛金150円を現金で回収した。

A 10 商品売買

(買　掛　金)	100	(現　　　金)	100

①現金で支払った▶現金（資産）の減少▶貸方

②買掛金を支払った▶買掛金（負債）の減少▶借方

A 11 商品売買

(売　掛　金)	150	(売　　　上)	150＊

①商品を売り上げた▶売上（収益）の発生▶貸方

＊　@15円×10個＝150円

②掛け売上▶売掛金（資産）の増加▶借方

あとでお金を
受け取れる権利
→ あるとうれしいもの

☑ あわせてチェック
Q51 未収入金

A 12 商品売買

(現　　　金)	150	(売　掛　金)	150

①現金で回収した▶現金（資産）の増加▶借方

②売掛金を回収した▶売掛金（資産）の減少▶貸方

Q13 仕入れた商品を返品したとき

重要度 A

チェック

掛けで仕入れた商品100円のうち、10円分を品違いのため返品した。なお、三分法で処理すること。

Q14 売り上げた商品が返品されたとき

重要度 A

チェック

掛けで売り上げた商品150円のうち、20円分が品違いのため返品された。なお、三分法で処理すること。

Q15 仕入諸掛り（当社負担）を支払ったとき

重要度 A

チェック

商品100円を仕入れ、代金は掛けとした（三分法で処理すること）。なお、引取費用10円（当社負担）を現金で支払った。

A13

商品売買

(買　掛　金)	10	(仕　　入)	10

掛けで仕入れた商品の返品▶返品分は仕入れがなかったことにする▶仕入時の逆仕訳

仕入時　(仕　　入)　××(買　掛　金)　××

逆仕訳

返品時　(買　掛　金)　××(仕　　入)　××

ポイント

仕入戻し（返品）があったときは、仕入れたときと逆の仕訳を行います。

A14

商品売買

(売　　上)	20	(売　掛　金)	20

掛けで売り上げた商品の返品▶返品分は売上げがなかったことにする▶売上時の逆仕訳

売上時　(売　掛　金)　××(売　　上)　××

逆仕訳

返品時　(売　　上)　××(売　掛　金)　××

ポイント

売上戻り（返品）があったときは、売り上げたときと逆の仕訳を行います。

A15

商品売買

(仕　　入)	110*	(買　掛　金)	100
		(現　　金)	10

当社負担の引取費用（仕入諸掛り）▶仕入原価に含める

＊　100円＋10円＝110円

ポイント

当社負担の仕入諸掛りは**仕入原価**に含めて処理します。試験で特に指示がない場合も仕入原価に含めて処理してください。

☑あわせてチェック
Q65 先方負担の場合

Q16 売上諸掛りを支払ったとき

重要度 A

チェック □ □ □

商品150円に送料15円を加えた合計額で販売し、掛けおよび売上とした。また、同時に配送業者へ商品を引き渡し、送料15円は現金で支払った。

Q17 他人振出の小切手を受け取ったとき

重要度 A

チェック □ □ □

得意先新潟株式会社から売掛金の回収として、同社振出の小切手100円を受け取った。

Q18 他人振出の小切手で支払ったとき

重要度 A

チェック □ □ □

仕入先群馬株式会社に対する買掛金100円を、得意先新潟株式会社振出の小切手で支払った。

A 16

商品売買

(売　掛　金)	165	(売　　上)	165＊
(発　送　費)	15	(現　　金)	15

商品の送料（売上諸掛り）▶発送費（費用）の発生▶借方

＊　150円＋15円＝165円

ポイント

売上諸掛りは**発送費**などの費用の勘定で処理します。

A 17

現金

(現　　金)	100	(売　掛　金)	100

①売掛金の回収▶売掛金（資産）の減少▶貸方

②他人が振り出した小切手を受け取った▶現金（資産）の増加▶借方

ポイント

他人が振り出した小切手（他人振出小切手）は**現金**で処理します。

☑あわせてチェック

Q24 自己振出小切手

A 18

現金

(買　掛　金)	100	(現　　金)	100

①買掛金を支払った▶買掛金（負債）の減少▶借方

②他人振出小切手で支払った▶現金（資産）の減少▶貸方

Q19 現金過不足が生じたとき

重要度 A

チェック

10月20日　現金の帳簿残高は110円であるが、実際有高を調べたところ100円であった。

Q20 現金過不足が生じたとき

重要度 A

チェック

11月10日　現金の帳簿残高は80円であるが、実際有高を調べたところ100円であった。

Q21 現金過不足の原因が判明したとき

重要度 A

チェック

10月25日　現金過不足勘定10円（借方残高）の原因を調べたところ、通信費の支払額10円の記帳もれが判明した。

A 19 現金過不足

(現金過不足)	10	(現　　　金)	10

①現金の実際有高と帳簿残高が異なる▶帳簿残高を実際有高にあわせる▶帳簿上の現金を10円減らす▶貸方

②相手勘定▶現金過不足▶借方

A 20 現金過不足

(現　　　金)	20	(現金過不足)	20

①現金の実際有高と帳簿残高が異なる▶帳簿残高を実際有高にあわせる▶帳簿上の現金を20円増やす▶借方

②相手勘定▶現金過不足▶貸方

A 21 現金過不足

(通　信　費)	10	(現金過不足)	10

①通信費の記帳もれ▶通信費（費用）の発生▶借方

②現金過不足の原因判明▶現金過不足の消滅▶貸方

借方に
計上されている

Q22 現金過不足の原因が判明したとき

重要度 A

チェック □ □ □

11月20日　現金過不足勘定20円（貸方残高）の原因を調べたところ、売掛金の回収額20円の記帳もれが判明した。

Q23 当座預金に預け入れたとき

重要度 A

チェック □ □ □

銀行と当座取引契約を結び、現金300円を当座預金口座に預け入れた。

Q24 小切手を振り出したとき

重要度 A

チェック □ □ □

群馬株式会社に対する買掛金100円を小切手を振り出して支払った。

A22 現金過不足

(現金過不足)	20	(売掛金)	20

①売掛金の回収の記帳もれ▶売掛金（資産）の減少▶貸方

②現金過不足の原因判明▶現金過不足の消滅▶借方

貸方に計上されている

A23 当座預金

(当座預金)	300	(現金)	300

①当座預金口座に預け入れた▶当座預金（資産）の増加▶借方

当座預金 → あるとうれしいもの

②現金を預け入れた▶手許の現金が減少▶貸方

A24 当座預金

(買掛金)	100	(当座預金)	100

①買掛金の支払い▶買掛金（負債）の減少▶借方

②小切手を振り出して支払った▶自己振出小切手

▶当座預金（資産）の減少▶貸方

ポイント

自己振出小切手は**当座預金**で処理します。

自己振出小切手	当座預金
他人振出小切手	現金

☑あわせてチェック
Q17 他人振出小切手

Q25 ただちに当座預金としたとき

重要度 A

チェック □□□

埼玉株式会社に対する売掛金200円を先方振出の小切手で受け取り、ただちに当座預金とした。

Q26 自己振出の小切手を受け取ったとき

重要度 A

チェック □□□

埼玉株式会社に対する売掛金100円を、かつて当社が振り出した小切手で受け取った。

Q27 当座預金残高を超えて引き出したとき

重要度 B

チェック □□□

7月20日　買掛金200円を小切手を振り出して支払った。なお、当座預金の残高は150円であったが、借越限度額1,000円の当座借越契約を結んでいる。

A 25 当座預金

(当座預金)	200	(売掛金)	200

①売掛金の回収▶売掛金（資産）の減少▶貸方

②ただちに当座預金とした▶当座預金（資産）の増加▶借方

ポイント

他人振出小切手を受け取った場合でも、「ただちに当座預金とした」ときには、直接、**当座預金**で処理します。

A 26 当座預金

(当座預金)	100	(売掛金)	100

①売掛金の回収▶売掛金（資産）の減少▶貸方

②自己振出小切手の受け取り▶当座預金（資産）の増加▶借方

振り出したときに
当座預金の減少として
処理している
振出時：(買掛金など)　××　(当座預金)　××

A 27 当座借越

(買掛金)	200	(当座預金)	200

小切手を振り出して支払った▶当座預金（資産）の減少▶貸方

ポイント

小切手を振り出した際に、当座預金残高が不足している場合でも借越限度額の範囲内であれば当座預金残高を超えて小切手を振り出すことができます。その場合、振り出した小切手の全額を当座預金の貸方に記入します。なお、本問では当座預金の残高150円に対して振り出した小切手は200円なので、当座預金は50円の貸方残高となります。

あわせてチェック
Q82 期末振り替え

Q28 当座預金に預け入れたとき

重要度 B

チェック □ □ □

7月25日　現金300円を当座預金に預け入れた。なお、借越限度額1,000円の当座借越契約を結んでおり、当座預金は50円の貸方残高である。

Q29 普通預金に預け入れたとき

重要度 A

チェック □ □ □

8月5日　現金200円を普通預金口座に預け入れた。

Q30 普通預金から引き出したとき

重要度 A

チェック □ □ □

8月10日　普通預金口座より現金100円を引き出した。

A 28　当座借越

（当 座 預 金）	300	（現　　　金）	300

①現金を預け入れた▶現金（資産）の減少▶貸方

②当座預金に預け入れた▶当座預金（資産）の増加▶借方

A 29　普通預金

（普 通 預 金）	200	（現　　　金）	200

①普通預金口座に預け入れた▶普通預金（資産）の増加▶借方

普通預金
→ あるとうれしいもの

②現金を預け入れた▶手許の現金が減少▶貸方

ポイント

日商簿記３級で問われる預金には、当座預金、普通預金、定期預金があります。

A 30　普通預金

（現　　　金）	100	（普 通 預 金）	100

①現金を引き出した▶現金（資産）の増加▶借方

②普通預金口座より引き出した▶普通預金（資産）の減少▶貸方

Q31 銀行別の預金口座勘定を設定する場合

重要度 A

チェック □□□

現金500円のうち300円をＡ銀行の普通預金口座へ預け入れ、残り200円をＢ銀行の普通預金口座へ預け入れた。なお、当社は、普通預金勘定に銀行名を付けた勘定を設定して管理している。

Q32 小口現金を前渡ししたとき

重要度 A

チェック □□□

４月１日　定額資金前渡法（インプレスト・システム）を採用し、小口現金100円を小切手を振り出して小口現金係に前渡しした。

Q33 小口現金で支払ったとき

重要度 B

チェック □□□

４月４日　小口現金係が郵便切手50円とバス代20円、コピー用紙代10円を小口現金で支払った。

A31 普通預金

（普通預金A銀行）	300	（現　　　　金）	500
（普通預金B銀行）	200		

①現金を預け入れた▶現金（資産）の減少▶貸方

②普通預金口座への預け入れ

A銀行分▶普通預金A銀行（資産）の増加▶借方
B銀行分▶普通預金B銀行（資産）の増加▶借方

ポイント

当座預金、定期預金の場合も各預金に銀行名を付けた勘定科目を使用する場合があります。

A32 小口現金

（小　口　現　金）	100	（当　座　預　金）	100

①小切手を振り出した▶当座預金（資産）の減少▶貸方

②小口現金を前渡しした▶小口現金（資産）の増加▶借方

小口現金
→ あるとうれしいもの

A33 小口現金

仕　訳　な　し

会計係に支払いの報告があったとき、会計係が仕訳をします。したがって、小口現金係が小口現金を支払ったときには何の仕訳もしません。

Q34 支払いの報告を受けたとき

重要度 A

チェック

4月5日　会計係は小口現金係から次のような支払いの報告を受けた。

通信費50円、旅費交通費20円、消耗品費10円

Q35 小口現金を補給したとき

重要度 A

チェック

4月8日　小切手80円を振り出して小口現金を補給した。

Q36 支払いの報告と補給が同時のとき

重要度 A

チェック

4月8日　会計係は小口現金係から次のような支払いの報告を受けたので、ただちに小切手を振り出して小口現金を補給した。

通信費50円、旅費交通費20円、消耗品費10円

A 34

小口現金

(通信費)	50	(小口現金)	80
(旅費交通費)	20		
(消耗品費)	10		

①費用の発生▶借方

②小口現金で支払い▶小口現金（資産）の減少▶貸方

ポイント

会計係が支払報告を受けたときに小口現金の支払いに係る仕訳をします。

A 35

小口現金

(小口現金)	80	(当座預金)	80

①小切手を振り出した▶当座預金（資産）の減少▶貸方

②小口現金を補給した▶小口現金（資産）の増加▶借方

A 36

小口現金

(通信費)	50	(当座預金)	80
(旅費交通費)	20		
(消耗品費)	10		

①費用の発生▶借方

②ただちに小切手を振り出して補給▶当座預金（資産）の減少▶貸方

ポイント

支払いの報告と補給が同時のときは、小口現金勘定を用いず、直接、当座預金勘定で処理します。

Q37 クレジット払いで売り上げたとき

重要度 A

チェック □ □ □

商品500円をクレジット払いで販売した。なお、信販会社へのクレジット手数料は販売代金の2%であり、販売時に計上する。

Q38 クレジット取引による販売代金が入金されたとき

重要度 A

チェック □ □ □

クレジット売掛金490円について、信販会社から当社の当座預金口座に入金された。

Q39 約束手形を振り出したとき

重要度 A

チェック □ □ □

東京株式会社は、仕入先長野株式会社から商品100円を仕入れ、代金は長野株式会社を名宛人とする約束手形を振り出して支払った。

A37　クレジット取引

(クレジット売掛金)	490	(売　　上)	500
(支 払 手 数 料)	10*		

①商品を売り上げた▶売上（収益）の発生▶貸方

②クレジット払いによる販売▶クレジット売掛金(資産)の増加▶借方

あとでお金を受け取れる権利
→ あるとうれしいもの

③クレジット手数料▶支払手数料（費用）の発生▶借方

＊　500円×２％＝10円

A38　クレジット取引

(当 座 預 金)	490	(クレジット売掛金)	490

①当座預金口座へ入金▶当座預金（資産）の増加▶借方

②クレジット売掛金が決済▶クレジット売掛金（資産）の減少▶貸方

ポイント

入金時に**支払手数料**を計上する方法もあります。

A39　約束手形

(仕　　入)	100	(支 払 手 形)	100

①商品を仕入れた▶仕入（費用）の発生▶借方

②約束手形を振り出した▶支払手形（負債）の増加▶貸方

あとで手形代金を支払わなければならない義務
→ あると気が重いもの

Q40 約束手形の代金を支払ったとき

重要度 A

チェック □ □ □

かねて長野株式会社に振り出した約束手形の満期日となり、手形代金100円が当座預金口座から引き落とされた。

Q41 約束手形を受け取ったとき

重要度 A

チェック □ □ □

長野株式会社は、得意先東京株式会社に商品100円を売り上げ、代金は東京株式会社振出、長野株式会社を名宛人とする約束手形を受け取った。

Q42 約束手形の代金を受け取ったとき

重要度 A

チェック □ □ □

長野株式会社は、かねて受け取っていた東京株式会社振出の約束手形100円が決済され、当座預金口座に入金された旨の通知を受けた。

A 40 約束手形

（支払手形）100　（当座預金）100

①当座預金口座から引き落とされた▶当座預金（資産）の減少▶貸方

②振り出した約束手形の決済▶支払手形（負債）の減少▶借方

A 41 約束手形

（受取手形）100　（売上）100

①商品を売り上げた▶売上（収益）の発生▶貸方

②約束手形を受け取った▶受取手形（資産）の増加▶借方

あとで手形代金を受け取れる権利
→ あるとうれしいもの

A 42 約束手形

（当座預金）100　（受取手形）100

①当座預金口座に入金▶当座預金（資産）の増加▶借方

②受け取っていた約束手形の決済▶受取手形（資産）の減少▶貸方

Q43 電子記録債権の発生記録を行ったとき

重要度 A

チェック □ □ □

9月1日　渋谷株式会社は、得意先目黒株式会社に対する売掛金300円について、同社の承諾を得て、電子記録債権の発生記録を行った。

Q44 電子記録債権の支払期限が到来して入金されたとき

重要度 A

チェック □ □ □

9月20日　電子記録債権300円の支払期限が到来し、当座預金口座に入金された。

Q45 電子記録債務の発生記録を行ったとき

重要度 A

チェック □ □ □

10月1日　品川株式会社は、仕入先新橋株式会社に対する買掛金200円について、電子記録債務の発生記録を行った。

A 43

電子記録債権

(電子記録債権)	300	(売　掛　金)	300

①売掛金を振り替える▶売掛金（資産）の減少▶貸方

②電子記録債権の発生▶電子記録債権（資産）の増加▶借方

あとでお金を受け取れる権利
→ あるとうれしいもの

ポイント

電子記録債権とは、電子的に記録・管理される債権のことです。従来の手形や売掛金が電子化されたものを指します。

A 44

電子記録債権

(当　座　預　金)	300	(電子記録債権)	300

①電子記録債権の支払期限▶電子記録債権（資産）の減少▶貸方

②当座預金口座に入金▶当座預金（資産）の増加▶借方

ポイント

電子記録債権は、支払期日に銀行をとおして自動的に決済されます。

A 45

電子記録債務

(買　掛　金)	200	(電子記録債務)	200

①買掛金を振り替える▶買掛金（負債）の減少▶借方

②電子記録債務の発生記録▶電子記録債務（負債）の増加▶貸方

あとでお金を支払わなければならない義務
→ あると気が重いもの

Q46 電子記録債務の支払期限が到来して決済したとき

重要度 A

チェック □ □ □

10月20日　電子記録債務200円の支払期限が到来したため、当座預金で決済した。

Q47 約束手形を受け取り、お金を貸したとき（手形貸付金）

重要度 A

チェック □ □ □

愛知株式会社は、岐阜株式会社に対して現金100円を貸し付けた。なお、同額の約束手形を受け取った。

Q48 約束手形を受け取り、お金を貸したとき（手形貸付金）

重要度 A

チェック □ □ □

愛知株式会社は、岐阜株式会社に対して年利率２％、期間４か月の条件で現金1,200円を貸し付けた。なお、利息を含めた金額の約束手形を受け取った。利息は月割りで計算し、約束手形の受け取りに伴う債権は手形金額で記帳する。

A46 電子記録債務

（電子記録債務）	200	（当座預金）	200

①電子記録債務の支払期限▶電子記録債務（負債）の減少▶借方

②当座預金で決済▶当座預金（資産）の減少▶貸方

A47 手形貸付金

（手形貸付金）	100	（現金）	100

①現金を貸し付けた▶現金（資産）の減少▶貸方

②貸付け＆約束手形を受け取った▶手形貸付金（資産）の増加▶借方

手形による貸付け

ポイント

借用証書の代わりに手形を受け取ったときは、**手形貸付金**で処理します。なお、借用証書を受け取ったとき（通常の貸付け）は**貸付金**で処理します。

☑あわせてチェック

Q1 通常の貸付け

A48 手形貸付金

（手形貸付金）	1,208 *2	（現金）	1,200
		（受取利息）	8 *1

①現金を貸し付けた▶現金（資産）の減少▶貸方

②利息の受け取り▶受取利息（収益）の発生▶貸方

＊1　$1{,}200円 \times 2\% \times \frac{4か月}{12か月} = 8円$

③手形による貸付け▶手形貸付金（資産）の増加▶借方

＊2　利息を含めた金額

Q49 約束手形を振り出し、お金を借りたとき(手形借入金)

重要度 A

チェック

岐阜株式会社は、愛知株式会社から現金100円を借り入れた。なお、同額の約束手形を振り出した。

Q50 約束手形を振り出し、お金を借りたとき(手形借入金)

重要度 A

チェック

岐阜株式会社は、愛知株式会社から年利率２％、期間４か月の条件で現金1,200円を借り入れた。なお、利息を含めた金額の約束手形を振り出した。利息は月割りで計算し、約束手形の振り出しに伴う債務は手形金額で記帳する。

Q51 商品以外のものを売却したとき

重要度 A

チェック

８月10日　土地（帳簿価額100円)を100円で売却し、代金は月末に受け取ることとした。

A49 手形借入金

（現　　　　　金）	100	（手形借入金）	100

①現金を借り入れた▶現金（資産）の増加▶借方

②借入れ＆約束手形を振り出した▶手形借入金（負債）の増加▶貸方

手形による借入れ

ポイント

借用証書の代わりに手形を振り出したときは、**手形借入金**で処理します。なお、借用証書を渡したとき（通常の借入れ）は**借入金**で処理します。

☑あわせてチェック
Q4 通常の借入れ

A50 手形借入金

（現　　　　　金）	1,200	（手形借入金）	1,208 *2
（支払利息）	8 *1		

①現金を借り入れた▶現金（資産）の増加▶借方

②利息の支払い▶支払利息（費用）の発生▶借方

＊1　$1{,}200円 \times 2\% \times \frac{4か月}{12か月} = 8円$

③手形による借入れ▶手形借入金（負債）の増加▶貸方

＊2　利息を含めた金額

A51 未収入金

（未収入金）	100	（土　　　　　地）	100

①土地を売却した▶土地（資産）の減少▶貸方

②代金は月末に受け取る▶土地（商品以外のもの）に係る未収額▶未収入金（資産）の増加▶借方

ポイント

商品以外のもの（土地など）を売却した際の未収額は**未収入金**で処理します。

商品代金の未収額	売掛金
商品代金以外の未収額	未収入金

☑あわせてチェック
Q11 売掛金

Q52 未収入金の代金を受け取ったとき

重要度 A

チェック □ □ □

8月31日　8月10日に売却した土地の代金未収額100円を現金で受け取った。

Q53 商品以外のものを購入したとき

重要度 A

チェック □ □ □

9月5日　備品を購入し、代金100円は月末に支払うこととした。

Q54 代金を支払ったとき

重要度 A

チェック □ □ □

9月30日　9月5日に購入した備品の代金未払額100円を現金で支払った。

A 52

未収入金

(現　　　　金)	100	(未　収　入　金)	100

①現金で受け取った▶現金（資産）の増加▶借方

②土地の代金未収額の受け取り▶未収入金（資産）の減少▶貸方

A 53

未払金

(備　　　　品)	100	(未　　払　　金)	100

①備品を購入した▶備品（資産）の増加▶借方

②代金は月末に支払う▶備品（商品以外のもの）に係る未払額▶未払金（負債）の増加▶貸方

ポイント

商品以外のもの（備品など）を購入した際の未払額は**未払金**で処理します。

商品代金の未払額	買掛金
商品代金以外の未払額	未払金

あわせてチェック

Q9 買掛金

A 54

未払金

(未　　払　　金)	100	(現　　　　金)	100

①現金で支払った▶現金（資産）の減少▶貸方

②備品の代金未払額の支払い▶未払金（負債）の減少▶借方

Q55 手付金や内金を支払ったとき

重要度 A

チェック

10月３日　富山株式会社に商品を注文し、手付金として40円を小切手を振り出して支払った。

Q56 商品を受け取ったとき

重要度 A

チェック

10月25日　富山株式会社から商品100円を仕入れ、代金のうち40円は注文時に支払った手付金と相殺し、残額は掛けとした。

Q57 手付金や内金を受け取ったとき

重要度 A

チェック

10月３日　石川株式会社より商品の注文を受け、手付金として40円を先方振出の小切手で受け取った。

A 55　前払金

(前　払　金)	40	(当　座　預　金)	40

①小切手を振り出して支払った▶当座預金（資産）の減少▶貸方

②手付金の支払い▶前払金（資産）の増加▶借方

あとでこの分の商品を
受け取れる権利
→ あるとうれしいもの

A 56　前払金

(仕　　入)	100	(前　払　金)	40
		(買　掛　金)	60

①商品を仕入れた▶仕入（費用）の発生▶借方

②40円は注文時に支払った手付金と相殺▶前払金（資産）の減少▶貸方

③残額は掛けとした▶買掛金（負債）の増加▶貸方

A 57　前受金

(現　　金)	40	(前　受　金)	40

①先方振出の小切手で受け取った▶現金（資産）の増加▶借方

②手付金の受け取り▶前受金（負債）の増加▶貸方

あとでこの分の商品を
渡さなければならない義務
→ あると気が重いもの

Q58 商品を渡したとき

重要度 A

チェック

10月25日　石川株式会社に商品100円を売り上げ、代金のうち40円は注文時に受け取った手付金と相殺し、残額は掛けとした。

Q59 現金を仮払いしたとき

重要度 A

チェック

社員の出張にあたり、旅費の概算額60円を現金で前渡しした。

Q60 金額などが確定したとき

重要度 A

チェック

社員が出張から帰社し、概算払い60円のうち旅費交通費として50円を使ったと報告を受け、残金10円を現金で受け取った。

A58 前受金

(前受金)	40	(売上)	100
(売掛金)	60		

①商品を売り上げた▶売上（収益）の発生▶貸方

②40円は注文時に受け取った手付金と相殺した
▶前受金（負債）の減少▶借方

③残額は掛けとした▶売掛金（資産）の増加▶借方

A59 仮払金

(仮払金)	60	(現金)	60

①現金の前渡し▶現金（資産）の減少▶貸方

②旅費の概算額の前渡し▶仮払金（資産）の増加▶借方

まだ金額が
明らかではない

ポイント

金額が確定するまでは、旅費交通費で処理してはいけません。

A60 仮払金

(旅費交通費)	50	(仮払金)	60
(現金)	10		

①概算払いの金額が確定▶仮払金（資産）の減少▶貸方

②旅費交通費として50円を使った▶旅費交通費（費用）の発生
▶借方

③残金を現金で受け取った▶現金（資産）の増加▶借方

Q61 金額などが確定したとき

重要度 A

チェック □□□

社員が出張から帰社し、概算払い60円について、旅費交通費として100円を使ったとの報告を受け、不足額40円を現金で支払った。

Q62 内容不明の入金があったとき

重要度 A

チェック □□□

出張中の社員から、当座預金口座に100円が入金されたが、その内容は不明である。

Q63 金額の内容が確定したとき

重要度 A

チェック □□□

社員が出張から帰社し、先の当座預金口座への入金100円は得意先から売掛金を回収したものであるとの報告を受けた。

A 61 仮払金

(旅費交通費)	100	(仮払金)	60
		(現金)	40

①概算払いの金額が確定▶仮払金（資産）の減少▶貸方

②旅費交通費として100円を使った▶旅費交通費（費用）の発生▶借方

③不足額を現金で支払った▶現金（資産）の減少▶貸方

A 62 仮受金

(当座預金)	100	(仮受金)	100

①当座預金口座に入金▶当座預金（資産）の増加▶借方

②入金の内容は不明▶仮受金（負債）の増加▶貸方

とりあえず受け取ったお金

A 63 仮受金

(仮受金)	100	(売掛金)	100

①仮受金の内容が確定▶仮受金（負債）の減少▶借方

②売掛金の回収▶売掛金（資産）の減少▶貸方

Q64 従業員に対して立替払いをしたとき

重要度 A

チェック

従業員の生命保険料として現金100円を立替払いした。

Q65 仕入諸掛り（先方負担）を立て替えたとき

重要度 A

チェック

商品100円を仕入れ、代金は掛けとした。なお、先方負担の引取運賃10円を現金で立替払いした（立替金勘定で処理）。

A 64

立替金

（立替金）	100	（現金）	100

①現金を支払った▶現金（資産）の減少▶貸方

②立替払い▶立替金（資産）の増加▶借方

従業員が支払うべきお金を
会社が立て替えた
→あとでお金を返してもらえる権利

ポイント

従業員に対する立替金なので、**従業員立替金**で処理することもあります。試験では指定勘定科目に注目！

A 65

立替金

（仕入）	100	（買掛金）	100
（立替金）	10	（現金）	10

先方負担の引取運賃の立替払い▶立替金（資産）の増加▶借方

あとでお金を
払ってもらえる権利

ポイント

先方負担の仕入諸掛りは**立替金**で処理します。

当社負担	仕入原価
先方負担	立替金

☑あわせてチェック

Q15 当社負担の場合

Q66 お金を預かったとき

重要度 A

チェック

従業員の給料300円から源泉所得税50円、社会保険料100円および会社が立て替えて支払った従業員負担の雇用保険50円を控除し、残額を現金で支払った。

Q67 預り金を支払ったとき

重要度 A

チェック

従業員の所得税の源泉徴収額50円と社会保険料の預り金100円に、企業負担分の社会保険料100円を合わせて現金で納付した。

A 66

預り金

(給　　　料)	300	(所得税預り金)	50
		(社会保険料預り金)	100
		(従業員立替金)	50
		(現　　　金)	100

①給料の支払い▶給料（費用）の発生▶借方

②源泉所得税を控除▶所得税預り金（負債）の増加▶貸方

③社会保険料を控除▶社会保険料預り金（負債）の増加▶貸方

④立て替えた従業員負担の雇用保険を控除▶従業員立替金（資産）の減少▶貸方

⑤残額を現金で支払った▶現金（資産）の減少▶貸方

ポイント

源泉所得税や社会保険料の控除額はまとめて**預り金**で処理することもあります。試験では指定勘定科目に注目！

A 67

預り金

(所得税預り金)	50	(現　　　金)	250
(社会保険料預り金)	100		
(法定福利費)	100		

①従業員の所得税の源泉徴収額の納付▶所得税預り金（負債）の減少▶借方

②社会保険料の納付

- 従業員負担分▶社会保険料預り金（負債）の減少▶借方
- 会社負担分▶法定福利費（費用）の発生▶借方

③現金での納付▶現金（資産）の減少▶貸方

ポイント

社会保険料は従業員負担分と会社負担分に分けて処理します。

Q68 他社商品券を受け取ったとき

重要度 A

チェック □ □ □

商品80円を売り上げ、他社が発行した商品券100円を受け取り、おつりは現金で支払った。

Q69 他社商品券を精算したとき

重要度 A

チェック □ □ □

当社が保有している他社発行の商品券100円を取引銀行を通じて精算し、現金を受け取った。

Q70 差入保証金

重要度 A

チェック □ □ □

事務所を借りる際に、敷金200円、１か月分の家賃300円を現金で支払った。

A 68

受取商品券

(受取商品券)	100	(売　　上)	80
		(現　　金)	20

他社発行の商品券の受け取り▶受取商品券（資産）の増加▶借方

商品券と引き換えで
商品を受け取ることができる
→ あるとうれしいもの

A 69

受取商品券

(現　　金)	100	(受取商品券)	100

①他社発行商品券の精算▶受取商品券（資産）の減少▶貸方

②現金を受け取った▶現金（資産）の増加▶借方

A 70

差入保証金

(差入保証金)	200	(現　　金)	500
(支払家賃)	300		

①敷金の支払い▶差入保証金（資産）の増加▶借方
②家賃の支払い▶支払家賃（費用）の発生▶借方
③現金での支払い▶現金（資産）の減少▶貸方

ポイント

敷金や保証金は退去時に返してもらうことができます。
そのため、**差入保証金**として資産の勘定で処理します。

Q71 固定資産を購入したとき

重要度 A

チェック □ □ □

土地1,000円を購入し、仲介手数料20円、登記料30円とともに小切手を振り出して支払った。

Q72 固定資産を購入したとき

重要度 A

チェック □ □ □

中古の店舗950円を購入し、購入代価は小切手を振り出して支払った。なお、付随費用50円は現金で支払った。

Q73 固定資産を修繕したとき

重要度 A

チェック □ □ □

店舗の窓ガラスが破損したので、その修理に関する支出100円を現金で支払った。

A 71 固定資産の購入

（土　　　地）	1,050＊	（当　座　預　金）	1,050

①土地を購入▶土地（資産）の増加▶借方

＊　付随費用は固定資産の取得原価に含める
　　1,000円＋20円＋30円＝1,050円

②小切手を振り出した▶当座預金（資産）の減少▶貸方

ポイント

固定資産を取得する際の付随費用には、仲介手数料、登記料、据付費、引取運賃などがあります。これらの**付随費用は固定資産の取得原価に含めます。**

A 72 固定資産の購入

（建　　　物）	1,000＊	（当　座　預　金）	950
		（現　　　金）	50

建物（中古の店舗）を購入▶建物（資産）の増加▶借方

＊　付随費用は固定資産の取得原価に含める
　　950円＋50円＝1,000円

ポイント

店舗、倉庫など…**建物**で処理
パソコン、事務用机、冷暖房機など…**備品**で処理
営業用自動車、トラックなど…**車両運搬具**で処理

A 73 固定資産の修繕

（修　繕　費）	100	（現　　　金）	100

①現金で支払った▶現金（資産）の減少▶貸方

②修理に関する支出▶修繕費（費用）の発生▶借方

ポイント

修理や保守など、固定資産の原状を回復（現状を維持）する支出は、修繕費で処理します。

Q74 固定資産を改良したとき

重要度 A

チェック □ □ □

店舗の改築を行い、改築に関する支出200円は小切手を振り出して支払った。

Q75 租税公課の処理

重要度 A

チェック □ □ □

営業用店舗に係る固定資産税の納税通知書100円を受け取ったので、小切手を振り出して納付した。

Q76 郵便切手を購入したとき

重要度 A

チェック □ □ □

郵便切手300円を購入し、代金は現金で支払った。

A74 固定資産の改良

（建　　　　物）	200	（当　座　預　金）	200

①小切手を振り出して支払った▶当座預金（資産）の減少▶貸方

②店舗の改築に関する支出▶建物（資産）の増加▶借方

ポイント

増築や改築など、固定資産の価値の増加や使用可能年数が延長されるような支出は、固定資産の取得原価に加算します。

A75 租税公課

（租　税　公　課）	100	（当　座　預　金）	100

①小切手を振り出した▶当座預金（資産）の減少▶貸方

②固定資産税▶租税公課（費用）の発生▶借方

ポイント

租税公課として処理するものには、**固定資産税**のほか、**自動車税**や**印紙税**があります。

A76 通信費

（通　　信　　費）	300	（現　　　　　金）	300

①郵便切手の購入▶通信費（費用）の発生▶借方

②現金での支払い▶現金（資産）の減少▶貸方

☑ あわせてチェック
Q83 貯蔵品勘定への振り替え

Q77 消耗品を購入したとき

重要度 A

チェック □□□

ボールペン500円を購入し、代金は現金で支払った。

Q78 会費の請求があったとき

重要度 A

チェック □□□

同業者団体の年会費の納入通知書（請求書）が届いたので、代金100円は翌月末に支払うことにした。

Q79 決算手続き／現金過不足（原因不明のとき）

重要度 A

チェック □□□

決算において、現金過不足勘定の借方残高10円を雑損として処理した。

A 77

（消耗品費）	500	（現金）	500

①ボールペン（消耗品）の購入▶消耗品費（費用）の発生▶借方

②現金での支払い▶現金（資産）の減少▶貸方

消耗品費

A 78

（諸会費）	100	（未払金）	100

①代金は翌月末に支払う▶未払金（負債）の増加▶貸方

②会費の請求▶諸会費（費用）の発生▶借方

ポイント

同業者団体、町内会などの様々な団体に支払う会費は、諸会費（費用）で処理します。

諸会費

A 79

（雑損）	10	（現金過不足）	10

①現金過不足（借方残高）の振り替え▶現金過不足▶貸方

②雑損として処理▶雑損（費用）▶借方

決算 現金過不足

Q80 決算手続き／現金過不足(原因不明のとき)

重要度 A

チェック □□□

決算において、現金過不足勘定の貸方残高10円を雑益として処理した。

Q81 決算手続き／現金過不足(原因が判明したとき)

重要度 A

チェック □□□

決算において、現金の不足が100円発生した。原因を究明したところ80円は通信費支払いの記帳もれであることが判明したが、残額は不明である。

Q82 決算手続き／当座借越の期末振り替え

重要度 A

チェック □□□

決算において、当座預金勘定の貸方残高100円を借入金勘定に振り替える。なお、当社は借越限度額1,000円の当座借越契約を結んでいる。

A80

決算 現金過不足

(現金過不足)	10	(雑　益)	10

①現金過不足（貸方残高）の振り替え▶現金過不足▶借方

②雑益として処理▶雑益（収益）▶貸方

A81

決算 現金過不足

(通　信　費)	80	(現　金)	100
(雑　損)	20		

①現金の不足▶帳簿残高よりも実際有高が少ない▶帳簿上の現金を100円減らす▶現金▶貸方

②通信費の記帳もれ▶通信費（費用）▶借方

③残額は不明▶借方▶費用▶雑損（費用）

ポイント

決算において発生した現金過不足（原因不明）は直接、**雑損**または**雑益**として処理します。

あわせてチェック

Q19、20 期中に発生した現金過不足

A82

決算 当座借越

(当座預金)	100	(借　入　金)	100

①当座預金勘定の貸方残高の振り替え▶当座預金（資産）▶借方

②借入金勘定への振り替え▶借入金（負債）の増加▶貸方

ポイント

貸方の勘定科目は**当座借越勘定**を用いる場合もあります。どちらを使用するかは問題文の指示に従いましょう。

あわせてチェック

Q27 期中処理

Q83 決算手続き／貯蔵品勘定への振り替え

重要度 A

チェック □ □ □

決算において、郵便切手の未使用分300円と収入印紙の未使用分200円を貯蔵品勘定へ振り替える。

Q84 決算手続き／売上原価の計算

重要度 A

チェック □ □ □

決算において、仕入勘定で売上原価を計算する。なお、期首商品棚卸高は20円、期末商品棚卸高は50円である。

Q85 決算手続き／貸倒引当金の設定

重要度 A

チェック □ □ □

決算において、売掛金期末残高1,000円に対して、２％の貸倒れを見積る。なお、期末貸倒引当金残高は15円であり、貸倒引当金の設定は差額補充法により行う。

A83 決算 貯蔵品

（貯蔵品）	500	（通信費）	300
		（租税公課）	200

①郵便切手の未使用分▶通信費（費用）の減少▶貸方

②収入印紙の未使用分▶租税公課（費用）の減少▶貸方

③貯蔵品勘定への振り替え▶貯蔵品（資産）の増加▶借方

ポイント

当期末に繰り越された貯蔵品は、次期の期首に再振替仕訳を行い、**通信費**と**租税公課**へ振り替えます。

☑ あわせてチェック

Q76 購入時

A84 決算 売上原価

（仕入）	20	（繰越商品）	20
（繰越商品）	50	（仕入）	50

①期首商品棚卸高…繰越商品勘定（借方）で処理されている

▶期首商品は当期に販売されている

▶ { 繰越商品の減少▶貸方
　 仕入（売上原価）の計上▶借方

②期末商品棚卸高…仕入勘定（借方）で処理されている

▶期末商品はまだ販売されていない

▶ { 繰越商品の増加▶借方
　 仕入（売上原価）の減少▶貸方

A85 決算 貸倒引当金

（貸倒引当金繰入）	5	（貸倒引当金）	5

①当期に設定する貸倒引当金：1,000円×２％＝20円

期末貸倒引当金残高：15円

↓

貸倒引当金が20円になるように差額５円を加算

▶貸倒引当金の増加▶貸方

貸方科目

②借方が空欄▶費用▶貸倒引当金繰入（費用）

Q86 当期に発生した債権が貸し倒れたとき

重要度 A

チェック □□□

得意先島根株式会社が倒産し、同社に対する売掛金100円（当期に発生）が貸し倒れた。

Q87 前期以前に発生した債権が貸し倒れたとき

重要度 A

チェック □□□

得意先島根株式会社が倒産し、同社に対する売掛金100円（前期に発生）が貸し倒れた。なお、貸倒引当金残高が150円ある。

Q88 前期以前に発生した債権が貸し倒れたとき

重要度 A

チェック □□□

得意先島根株式会社が倒産し、同社に対する売掛金100円（前期に発生）が貸し倒れた。なお、貸倒引当金残高が80円ある。

A 86

貸倒れ

(貸倒損失)	100	(売掛金)	100

①売掛金が貸し倒れた▶売掛金の減少▶貸方

②当期の売掛金の貸倒れ▶貸倒損失（費用）▶借方
当期の債権には貸倒引当金が
まだ設定されていない
→貸倒引当金は取り崩せない

ポイント

当期に発生した売掛金の貸倒れ
…全額、**貸倒損失**で処理

☑ あわせてチェック
Q87、88 前期の売掛金の貸倒れ

A 87

貸倒れ

(貸倒引当金)	100	(売掛金)	100

前期の売掛金の貸倒れ▶貸倒引当金の減少▶借方
前期の債権には貸倒引当金が
設定されている

ポイント

前期に発生した売掛金の貸倒れ…貸倒引当金を減額

☑ あわせてチェック
Q86 当期の売掛金の貸倒れ

A 88

貸倒れ

(貸倒引当金)	80	(売掛金)	100
(貸倒損失)	20		

前期の売掛金の貸倒れ
前期の債権には貸倒引当金が設定されている

▶ { 貸倒引当金の減少▶借方
　 貸倒引当金を超える分▶貸倒損失（費用）▶借方

ポイント

前期に発生した売掛金の貸倒れ…貸倒引当金を減額し、それを超える分は**貸倒損失**で処理

☑ あわせてチェック
Q86 当期の売掛金の貸倒れ

Q89 決算手続き／貸倒引当金の設定(戻入)

重要度 A

チェック □ □ □

決算において、売掛金期末残高1,000円に対して、２％の貸倒れを見積る。なお、期末貸倒引当金の残高は22円であり、貸倒引当金の設定は差額補充法により行う。

Q90 決算手続き／減価償却

重要度 A

チェック □ □ □

決算において、当期首に取得した備品（取得原価1,000円、耐用年数５年、残存価額は取得原価の10％）の減価償却を行う。なお、減価償却方法は定額法により、間接法により記帳する。

Q91 決算手続き／減価償却(期中取得)

重要度 A

チェック □ □ □

３月31日　決算において、当期の12月１日に取得した備品（取得原価1,000円、耐用年数５年、残存価額は取得原価の10％）の減価償却を行う。なお、減価償却方法は定額法により、間接法により記帳する。

A 89

決算 貸倒引当金

（貸倒引当金）	2	（貸倒引当金戻入）	2

①当期に設定すべき貸倒引当金：1,000円×２％＝20円
期末貸倒引当金残高：22円▶
貸倒引当金が20円になるように差額２円を減算
貸倒引当金の減少▶借方
貸方項目
②貸方が空欄▶収益▶貸倒引当金戻入（収益）

ポイント

当期に設定すべき貸倒引当金＜貸倒引当金の期末残高の場合には、**貸倒引当金戻入として貸方に仕訳**します。

A 90

決算 減価償却

（減価償却費）	180＊	（備品減価償却累計額）	180

①減価償却を行う▶減価償却費（費用）の計上▶借方

＊　1,000円×0.9÷５年＝180円
残存価額が取得原価の10%（0.1）
→取得原価の90%（0.9）について減価償却

②間接法により記帳▶備品減価償却累計額▶貸方

ポイント

間接法は減価償却累計額を用いて処理する方法です。

A 91

決算 減価償却

（減価償却費）	60＊	（備品減価償却累計額）	60

①期中に取得した固定資産の減価償却▶当期に使用した分の減価償却費（費用）を月割りで計上▶借方

＊　$1{,}000円 \times 0.9 \div 5年 \times \frac{4か月(12/1\sim3/31)}{12か月} = 60円$

②間接法により記帳▶備品減価償却累計額▶貸方

ポイント

期中に取得した固定資産の減価償却費は月割りで計算します。

Q92 固定資産の売却（期首売却）

重要度 A

チェック □□□

期首において、備品（取得原価1,000円、既償却額540円）を500円で売却し、代金は月末に受け取ることとした。なお、間接法により記帳している。

Q93 固定資産の売却（期中売却）

重要度 A

チェック □□□

1月31日　備品（取得原価1,000円、残高試算表の備品減価償却累計額600円）を300円で売却し、代金は現金で受け取った。なお、この備品の減価償却方法は定額法（耐用年数5年、残存価額は取得原価の10%）、間接法により記帳している。また決算日は3月31日である。

Q94 決算手続き／費用の前払い

重要度 A

チェック □□□

3月31日　決算につき、当期の8月1日に支払った向こう1年分の保険料120円のうち、未経過分を前払処理する。なお、会計期間は×1年4月1日から×2年3月31日である。

A 92 固定資産の売却

（備品減価償却累計額）	540	（備　　　　品）	1,000 *
（未　収　入　金）	500	（固定資産売却益）	40

①備品を売却した▶備品（資産）の減少▶貸方

＊　間接法により記帳→備品の取得原価1,000円を減らす

②間接法により記帳▶備品減価償却累計額の減少▶借方

貸方科目

③代金は月末に受け取る▶未収入金（資産）の増加▶借方

④貸借差額▶貸方▶固定資産売却益（収益）

帳簿価額460円（1,000円－540円）よりも
高い価額（500円）で売れた
→売却益

A 93 固定資産の売却

（現　　　　金）	300	（備　　　　品）	1,000
（備品減価償却累計額）	600	（固定資産売却益）	50
（減 価 償 却 費）	150 *		貸借差額

①間接法により記帳▶備品の取得原価1,000円と備品減価償却累計額600円を減らす

②期中売却▶当期分の減価償却費（費用）の計上▶借方

＊　$1{,}000円 \times 0.9 \div 5年 \times \frac{10か月}{12か月} = 150円$

当期（4/1～1/31の
10か月）分を計上

ポイント

期中売却のときは当期分の減価償却費を月割りで計上することを忘れずに！

A 94 決算 前払い・前受け

（前 払 保 険 料）	40	（保　　険　　料）	40 *

①１年分（当期８月１日～次期７月31日）の保険料（費用）が計上されている▶次期分（４月１日～７月31日）を減額▶保険料（費用）の減少▶貸方

＊　$120円 \times \frac{4か月}{12か月} = 40円$

②保険料の前払い▶前払保険料（資産）の増加▶借方

支払った分の
サービスを受けられる
→ あるとうれしいもの

Q95 決算手続き／収益の前受け

重要度 A

チェック □ □ □

３月31日　決算につき、当期の９月１日に受け取った向こう１年分の家賃120円のうち、未経過分を前受処理する。なお、会計期間は×１年４月１日から×２年３月31日である。

Q96 決算手続き／費用の未払い

重要度 A

チェック □ □ □

３月31日　決算につき、当期の11月１日に銀行から借り入れた1,000円（利率年1.2％、利払日10月31日）につき、経過分の利息を未払計上する。なお、会計期間は×１年４月１日から×２年３月31日である。

Q97 決算手続き／収益の未収

重要度 A

チェック □ □ □

３月31日　決算につき、当期の２月１日に山口株式会社に貸し付けた1,000円（利息の受取日は翌年１月31日、１年分の利息は120円である）につき、経過分の利息を未収計上する。なお、会計期間は×１年４月１日から×２年３月31日である。

A 95　決算　前払い・前受け

(受取家賃)	50*	(前受家賃)	50

①1年分（当期9月1日～次期8月31日）の受取家賃（収益）が計上されている▶次期分（4月1日～8月31日）を減額▶受取家賃（収益）の減少▶借方

＊　$120円 \times \frac{5か月}{12か月} = 50円$

②家賃の前受け▶前受家賃（負債）の増加▶貸方

受け取った分のサービスを提供しなければならない
→ あると気が重いもの

A 96　決算　未払い・未収

(支払利息)	5*	(未払利息)	5

①当期分（11月1日～3月31日）の利息を計上▶支払利息（費用）の計上▶借方

＊　$1{,}000円 \times 1.2\% \times \frac{5か月}{12か月} = 5円$

②利息の未払い▶未払利息（負債）の増加▶貸方

あとでお金を支払わなければならない
→ あると気が重いもの

A 97　決算　未払い・未収

(未収利息)	20	(受取利息)	20*

①当期分（2月1日～3月31日）の利息を計上▶受取利息（収益）の計上▶貸方

＊　$120円 \times \frac{2か月}{12か月} = 20円$

②利息の未収▶未収利息（資産）の増加▶借方

あとでお金を受け取れる
→ あるとうれしいもの

Q98 決算振替仕訳

重要度 A

チェック □ □ □

決算整理後の各収益勘定の残高は次のとおりである。損益勘定に振り替える仕訳を示しなさい。

売　上

	200

受取利息

	10

Q99 決算振替仕訳

重要度 A

チェック □ □ □

決算整理後の各費用勘定の残高は次のとおりである。損益勘定に振り替える仕訳を示しなさい。

仕　入

100	

支払利息

30	

Q100 決算振替仕訳

重要度 A

チェック □ □ □

収益勘定と費用勘定からの振替後の損益勘定は次のとおりである。損益勘定から繰越利益剰余金勘定に振り替える仕訳を示しなさい。

損　益

130	210

A 98

(売　　　上)	200	(損　　　益)	210
(受 取 利 息)	10		

収益の各勘定残高は損益勘定の貸方に振り替えます。

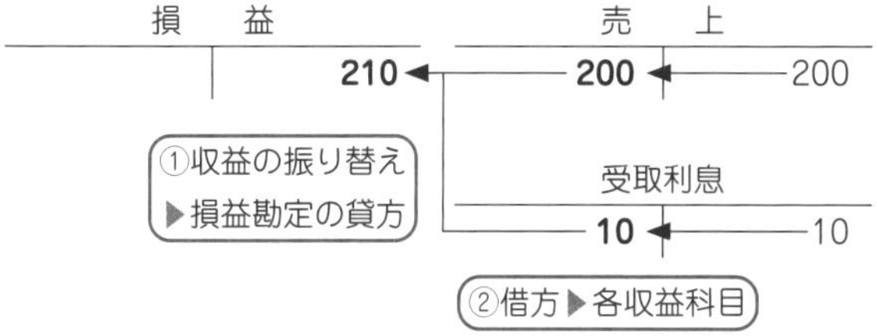

A 99

(損　　　益)	130	(仕　　　入)	100
		(支 払 利 息)	30

費用の各勘定残高は損益勘定の借方に振り替えます。

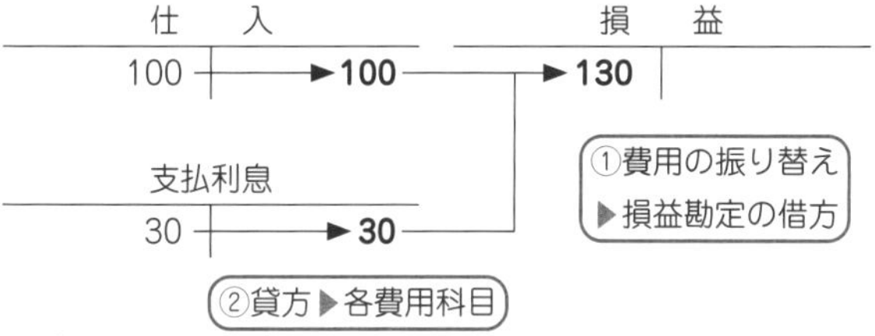

A 100

(損　　　益)	80*	(繰越利益剰余金)	80

①損益勘定の貸方:210円、借方:130円▶当期純利益:80円(*)
　　　　　　　収益合計　　　　費用合計

▶繰越利益剰余金（資本）の増加▶貸方

②相手勘定▶借方▶損益

ポイント

当期純利益は**繰越利益剰余金の貸方**に、**当期純損失**は**繰越利益剰余金の借方**に振り替えます。

あわせてチェック
Q104 当期純利益

Q 101 再振替仕訳

重要度 B

チェック □□□

期首につき、前期末の決算において前受処理した受取家賃100円を振り替える。なお、前期末の決算整理仕訳は次のとおりである。

（受取家賃）100　（前受家賃）100

Q 102 設立時の株式発行

重要度 A

チェック □□□

４月１日　水道橋株式会社は、会社の設立にあたり、株式10株を１株の払込金額100円で発行し、全株式の払い込みを受け、払込金額は普通預金とした。

Q 103 増資時の株式発行

重要度 A

チェック □□□

７月１日　水道橋株式会社は、取締役会の決議により、未発行株式のうち20株を１株の払込金額100円で発行し、全株式について払い込みを受け、払込金額を当座預金に預け入れた。

A 101

再振替仕訳

(前受家賃)	100	(受取家賃)	100

前期末の決算において前受処理した受取家賃を振り替える

前期に前受処理した収益が当期の収益となる

▶前期末の仕訳の逆仕訳

ポイント

前期末に前払い・前受け・未払い・未収処理した収益、費用は当期首において、逆仕訳を行い、もとの勘定に振り替えます（**再振替仕訳**）。

☑あわせてチェック

Q94～97 決算／前払い・前受け・未払い・未収

A 102

株式の発行

(普通預金)	1,000	(資本金)	1,000＊

①株式を発行▶資本金（資本）の増加▶貸方

②払込金額は普通預金とした▶普通預金（資産）の増加▶借方

＊　@100円×10株＝1,000円

☑あわせてチェック

Q103 増資時

A 103

株式の発行

(当座預金)	2,000	(資本金)	2,000＊

①株式を発行▶資本金（資本）の増加▶貸方

②払込金額は当座預金とした▶当座預金（資産）の増加▶借方

＊　@100円×20株＝2,000円

ポイント

設立時と増資時は同じ仕訳となります。

☑あわせてチェック

Q102 設立時

Q104 当期純利益を振り替えたとき

重要度 A

チェック □ □ □

３月31日　水道橋株式会社は、第１期決算において当期純利益500円を計上した。

Q105 剰余金を配当したとき

重要度 A

チェック □ □ □

６月20日　水道橋株式会社は、第２期の株主総会において、繰越利益剰余金500円を次のように配当し、残額は繰り越した。

利益準備金　20円　株主配当金　200円

Q106 株主配当金を支払ったとき

重要度 A

チェック □ □ □

７月10日　株主総会で決定した株主配当金200円を小切手を振り出して支払った。

A104

当期純損益

（損　　　　　益）	500	（繰越利益剰余金）	500

①当期純利益を計上▶繰越利益剰余金（資本）の増加▶貸方

②相手勘定▶借方▶損益

ポイント

当期純損失の場合には、借方に**繰越利益剰余金**、貸方に**損益**となります。

☑あわせてチェック
Q100 決算振替仕訳

A105

剰余金の配当

（繰越利益剰余金）	220	（利　益　準　備　金）	20
		（未　払　配　当　金）	200

①繰越利益剰余金を配当▶繰越利益剰余金（資本）の減少▶借方

②利益準備金の積み立て▶利益準備金（資本）の増加▶貸方

③配当の決定▶未払配当金（負債）の増加▶貸方

あとでお金を支払わなければならない義務
→ あると気が重いもの

ポイント

株主総会時点では、配当金をまだ支払っていないため、**未払配当金**として負債に計上します。

A106

剰余金の配当

（未　払　配　当　金）	200	（当　座　預　金）	200

①株主配当金を支払った▶未払配当金（負債）の減少▶借方

②小切手を振り出した▶当座預金（資産）の減少▶貸方

ポイント

株主総会の決定を受けて、**未払配当金**がすでに計上されていると考えます。

Q107 法人税等(中間申告)

重要度 A

チェック □ □ □

10月1日　神奈川株式会社（決算年1回、3月31日）は、法人税等の中間申告を行い、税額400円を小切手を振り出して納付した。

Q108 法人税等(決算)

重要度 A

チェック □ □ □

3月31日　神奈川株式会社（決算年1回、3月31日）は、決算の結果、確定した税引前当期純利益について、法人税等が900円と計算された。なお、この金額から中間納付額400円を控除した金額を未払分として計上した。

Q109 法人税等(確定申告)

重要度 A

チェック □ □ □

4月28日　神奈川株式会社（決算年1回、3月31日）は、法人税等について確定申告を行い、未払分500円を小切手を振り出して納付した。

A 107

法人税等

(仮払法人税等)	400	(当座預金)	400

①法人税等の中間申告▶仮払法人税等（資産）の増加▶借方

あとで支払う法人税が減る権利
→ あるとうれしいもの

②小切手を振り出し▶当座預金（資産）の減少▶貸方

ポイント

仮払法人税等の代わりに**仮払金**とすることもあります。

A 108

法人税等

(法人税、住民税及び事業税)	900	(仮払法人税等)	400
		(未払法人税等)	500

①法人税等を計算▶法人税、住民税及び事業税（費用）の発生▶借方

②中間納付額▶仮払法人税等（資産）の減少▶貸方

③法人税の未払分▶未払法人税等（負債）の増加▶貸方

あとでお金を支払わなければならない義務
→ あると気が重いもの

ポイント

法人税、住民税及び事業税の代わりに**法人税等**とすることもあります。

A 109

法人税等

(未払法人税等)	500	(当座預金)	500

①未払分を納付▶未払法人税等（負債）の減少▶借方

②小切手の振り出し▶当座預金（資産）の減少▶貸方

Q110 消費税を支払ったとき（税抜方式）

重要度 A

チェック

商品を100円で仕入れ、代金は現金で支払った。なお、消費税率は10％であり、税抜方式で処理する。

Q111 消費税を受け取ったとき（税抜方式）

重要度 A

チェック

商品を300円で販売し、代金は現金で受け取った。なお、消費税率は10％であり、税抜方式で処理する。

Q112 消費税の決算（税抜方式）

重要度 A

チェック

３月31日　決算につき、消費税の仮払分と仮受分を相殺し、納付額を算定する。なお、税抜方式で処理しており、当期の仮払消費税は10円、仮受消費税は30円であった。

A 110 消費税

（仕　　入）	100	（現　　金）	110
（仮払消費税）	10*		

①商品を仕入れ▶仕入（費用）の発生▶借方

②現金で支払い▶現金（資産）の減少▶貸方

③消費税の支払い▶仮払消費税（資産）の増加▶借方

あとで支払う消費税が減る権利
→ あるとうれしいもの

＊　100円×10％＝10円

ポイント

税率については、問題文の指示にしたがってください。

A 111 消費税

（現　　金）	330	（売　　上）	300
		（仮受消費税）	30*

①商品を販売▶売上（収益）の発生▶貸方

②現金で受け取り▶現金（資産）の増加▶借方

③消費税の受け取り▶仮受消費税（負債）の増加▶貸方

あとで支払う消費税が増える義務
→ あると気が重いもの

＊　300円×10％＝30円

A 112 消費税

（仮受消費税）	30	（仮払消費税）	10
		（未払消費税）	20*

①仮払分と仮受分を相殺▶仮払消費税（資産）の減少▶貸方

▶仮受消費税（負債）の減少▶借方

②貸借差額▶貸方▶未払消費税（負債）の増加

あとでお金を支払わなければならない義務
→ あると気が重いもの

＊　30円－10円＝20円

Q113 消費税を納付したとき(税抜方式)

重要度 A

チェック

本日、消費税の納付期限につき、未払消費税20円を小切手を振り出して納付した。なお、税抜方式で処理している。

Q114 三伝票制

重要度 A

チェック

次の入金伝票にもとづいて、取引を推定し、その仕訳を示しなさい。

入金伝票 ×1年5月1日	
科　目	金　額
売掛金	100

Q115 三伝票制

重要度 A

チェック

次の出金伝票にもとづいて、取引を推定し、その仕訳を示しなさい。

出金伝票 ×1年6月1日	
科　目	金　額
通信費	100

A 113 消費税

(未払消費税)	20	(当座預金)	20

①未払消費税を納付▶未払消費税（負債）の減少▶借方

②小切手を振り出した▶当座預金（資産）の減少▶貸方

A 114 伝票

(現金)	100	(売掛金)	100

①入金伝票▶現金の増加▶借方

②相手勘定▶科目欄：売掛金▶貸方

A 115 伝票

(通信費)	100	(現金)	100

①出金伝票▶現金の減少▶貸方

②相手勘定▶科目欄：通信費▶借方

Q116 三伝票制

重要度 A

チェック □ □ □

次の振替伝票にもとづいて、取引を推定し、その仕訳を示しなさい。

振替伝票 ×1年7月1日			
借方科目	金　額	貸方科目	金　額
売掛金	100	売　上	100

Q117 三伝票制

重要度 A

チェック □ □ □

次の取引について､以下の伝票を完成させなさい。

【取引】商品500円を仕入れ、代金のうち200円は現金で支払い、残りは掛けとした。

振替伝票			
借方科目	金額	貸方科目	金額
仕　入	300		300

出金伝票	
科　目	金額
	200

Q118 三伝票制

重要度 A

チェック □ □ □

次の取引について､以下の伝票を完成させなさい。

【取引】商品500円を仕入れ、代金のうち200円は現金で支払い、残りは掛けとした。

振替伝票			
借方科目	金額	貸方科目	金額
仕　入	500		500

出金伝票	
科　目	金額
	200

A116

伝票

（売掛金）	100	（売上）	100

振替伝票▶伝票に記載されている仕訳が推定すべき取引（仕訳）

A117

伝票

振替伝票			
借方科目	金額	貸方科目	金額
仕入	300	買掛金	300

出金伝票	
科目	金額
仕入	200

①取引の仕訳：（仕入）500　（現金）200
（買掛金）300

②振替伝票の仕訳：（仕入）300　（**買掛金**）300

③出金伝票の仕訳：（**仕入**）200　（現金）200

ポイント

1つの取引を掛仕入と現金仕入の2つに分けて起票する方法です。

☑あわせてチェック

Q118 取引を擬制する方法

A118

伝票

振替伝票			
借方科目	金額	貸方科目	金額
仕入	500	買掛金	500

出金伝票	
科目	金額
買掛金	200

①取引の仕訳：（仕入）500　（現金）200
（買掛金）300

②振替伝票の仕訳：（仕入）500　（**買掛金**）500

③出金伝票の仕訳：（**買掛金**）200　（現金）200

ポイント

いったん全額を掛けで仕入れ、すぐ現金で決済したと考えて起票する方法です。

☑あわせてチェック

Q117 取引を分解する方法

Q119 納品書にもとづいた仕訳

重要度 A

チェック □□□

商品を仕入れ、商品とともに次の納品書を受け取り、代金は後日支払うこととした（消費税は税抜方式）。

納　品　書

新橋商事株式会社　御中

品川商事株式会社

品物	数量	単価	金額
A品	10	8	¥　80
B品	15	4	¥　60
C品	20	3	¥　60
	消費税		¥　20
	合計		¥220

Q120 請求書（控）にもとづいた仕訳

重要度 A

チェック □□□

商品を売り上げ、商品とともに次の請求書の原本を発送し、代金は後日受け取ることとした（消費税は税抜方式）。

請　求　書　㊋

新橋商事株式会社　御中

田町商事株式会社

品物	数量	単価	金額
食器	10	50	¥500
コップ	5	20	¥100
	消費税		¥　60
	合計		¥660

×1年8月9日までに合計額を下記口座にお振り込みください。

T銀行S支店　普通111222　タマチショウジ（カ

A 119

証ひょう

(仕　　　入)	200	(買　掛　金)	220
(仮払消費税)	20		

①商品200円（80円＋60円＋60円）の仕入▶仕入（費用）の発生▶借方

②消費税の支払い▶仮払消費税（資産）の増加▶借方

③仕入れ代金の後払い▶買掛金（負債）の増加▶貸方

A 120

証ひょう

(売　掛　金)	660	(売　　　上)	600
		(仮受消費税)	60

①商品600円（500円＋100円）の売上▶売上（収益）の発生▶貸方

②消費税の受け取り▶仮受消費税（負債）の増加▶貸方

③売上げ代金の後払い▶売掛金（資産）の増加▶借方

ポイント

請求書を発行した側（代金を請求する側）の仕訳が問われています。

Q121 請求書にもとづいた仕訳

重要度 A

チェック □□□

事務作業に使用する物品を購入し、物品とともに次の請求書を受け取り、代金は後日支払うこととした。

請　求　書

新橋商事株式会社　御中

田町電器株式会社

品物	数量	単価	金額
ノートパソコン	1	900	¥　900
プリンター用紙	10	10	¥　100
	合計		¥1,000

×1年8月31日までに合計額を下記口座にお振り込みください。

T銀行S支店　普通111223　タマチデンキ（カ

Q122 売上集計表にもとづいた仕訳

重要度 A

チェック □□□

店頭における一日分の売り上げを集計した結果、次のとおりであった。なお、合計金額のうち、110円はクレジット・カードによる支払いが行われ、残りは現金で受け取った（消費税は税抜方式）。

売上集計表

×8年10月4日

品物	数量	単価	金額
食器	10	30	¥300
コップ	10	20	¥200
	消費税		¥　50
	合計		¥550

A
121

証ひょう

（備品）	900	（未払金）	1,000
（消耗品費）	100		

①ノートパソコンの購入▶備品（資産）の増加▶借方

②プリンター用紙の購入▶消耗品費（費用）の発生▶借方

③代金は後払い▶未払金（負債）の増加▶貸方

A
122

証ひょう

（現金）	440	（売上）	500
（クレジット売掛金）	110	（仮受消費税）	50

①商品500円（300円＋200円）の売上▶売上（収益）の発生▶貸方

②消費税の受け取り▶仮受消費税（負債）の増加▶貸方

③クレジット払いによる販売▶クレジット売掛金（資産）の増加▶借方

④残額は現金で受け取り▶現金（資産）の増加▶借方

Q123 小切手にもとづいた仕訳

重要度 A

チェック

新橋商事株式会社は、商品660円（消費税60円を含む）を売り上げ、代金として次の小切手を受け取った（消費税は税抜方式）。

> Bank
>
> 小　切　手
>
> 支払地
>
> T銀行S支店
>
> ￥660※
>
> 上記の金額をこの小切手と引替に
>
> 持参人へお支払いください
>
> 振出日　×8年10月4日
>
> 品川商事株式会社
>
> 振出地　東京都品川区　振出人　代表取締役　品川次郎　㊞

Q124 約束手形にもとづいた仕訳

重要度 A

チェック

商品550円（消費税50円を含む）を売り上げ、代金として次の約束手形を受け取った（消費税は税抜方式）。

> 約束手形
>
> 新橋商事株式会社　殿
>
> ￥550※
>
> 支払期日　×1年5月10日
> 支払地　東京都品川区
> 支払場所
> T銀行S支店
>
> 上記金額をあなたまたはあなたの指図人へこの約束手形を引替えにお支払いいたします。
>
> 振出地　東京都品川区××
>
> 振出人　品川商事株式会社
>
> 代表取締役　品川　次郎　㊞

A 123

証ひょう

(現　　　金)	660	(売　　　上)	600
		(仮受消費税)	60

①商品の売上▶売上（収益）の発生▶貸方

②消費税の受け取り▶仮受消費税（負債）の増加▶貸方

③代金は小切手で受け取り▶現金（資産）の増加▶借方

A 124

証ひょう

(受取手形)	550	(売　　　上)	500
		(仮受消費税)	50

①商品の売上▶売上（収益）の発生▶貸方

②消費税の受け取り▶仮受消費税（負債）の増加▶貸方

③代金は約束手形で受け取り▶受取手形（資産）の増加▶借方

Q125 領収書と出張旅費報告書にもとづいた仕訳

重要度 A

チェック

出張から戻った従業員から次の領収書および報告書が提出され、かねて概算払いしていた10,000円との差額を現金で受け取った。なお、1回1,000円以下の電車賃は従業員からの領収書の提出を不要としている。

出張旅費報告書

東京太郎

移動先	手段等	領収書	金額
仙台駅	JR	無	300
宮城商事	タクシー	有	1,500
Aホテル	宿泊	有	7,000
帰社	JR	無	300
			¥9,100

領収書
運賃¥1,500
上記のとおり領収致しました。
東北交通㈱

領収書
宿泊費シングル1名
¥7,000
Aホテル

Q126 振込依頼書にもとづいた仕訳

重要度 A

チェック

事務所の賃借契約を行い、下記の振込依頼書にもとづいて当社の当座預金口座から振り込んだ。なお、仲介手数料は費用として処理すること。

振込依頼書

新橋商事株式会社　御中

田町不動産株式会社

以下の金額を下記口座へお振込みください。

内容	金額
仲介手数料	¥　500
敷金	¥　100
初月賃料	¥　400
合計	¥1,000

T銀行S支店　普通111224　タマチフドウサン（カ

A 125 証ひょう

(旅費交通費)	9,100	(仮払金)	10,000
(現金)	900		

①概算払いの精算▶仮払金（資産）の減少▶貸方

②出張旅費報告書▶旅費交通費（費用）の発生▶借方

③貸借差額▶現金（資産）の増加▶借方

ポイント

社員に対して概算払いをしたさいに、仮払金（資産）を計上しています。

A 126 証ひょう

(支払手数料)	500	(当座預金)	1,000
(差入保証金)	100		
(支払家賃)	400		

①仲介手数料の支払い▶支払手数料（費用）の発生▶借方

②敷金の支払い▶差入保証金（資産）の増加▶借方

③初月賃料の支払い▶支払家賃（費用）の発生▶借方

④代金は当座預金口座から振り込み▶当座預金（資産）の減少▶貸方

Q127 納付書にもとづいた仕訳①

重要度 A

チェック

以下の納付書にもとづき、普通預金口座から振り込んだ。

領　収　証　書

税目
法人税

本　税	500	納期等の区分　×10401　×20331
○○税		中間申告　確定申告
△△税		
□□税		
合計額	¥500	

住所	東京都××区
氏名	新橋商事株式会社

出納印
×1.11.28
T銀行

Q128 納付書にもとづいた仕訳②

重要度 A

チェック

以下の納付書にもとづき、普通預金口座から振り込んだ。

領　収　証　書

税目
法人税

本　税	800	納期等の区分　×10401　×20331
○○税		中間申告　確定申告
△△税		
□□税		
合計額	¥800	

住所	東京都××区
氏名	新橋商事株式会社

出納印
×2.5.29
T銀行

A 127

(仮払法人税等)	500	(普　通　預　金)	500

①法人税の中間申告▶法人税の中間申告・納付額▶仮払法人税等（資産）の増加▶借方

②普通預金口座から振り込み▶普通預金（資産）の減少▶貸方

証ひょう

A 128

(未払法人税等)	800	(普　通　預　金)	800

①法人税の確定申告▶法人税の確定申告・納付額▶前期末の決算時に計上した未払法人税等の納付▶未払法人税等（負債）の減少▶借方

②普通預金口座から振り込み▶普通預金（資産）の減少▶貸方

証ひょう

Q129 納付書にもとづいた仕訳③

重要度 A

チェック

以下の納付書にもとづき、普通預金口座から振り込んだ。

領　収　証　書

税　目
消費税及び地方消費税

本　　税	600	納期等の区分　×10401　×20331
○ ○ 税		中間申告　確定申告
△ △ 税		
□ □ 税		
合 計 額	¥600	

住所	東京都××区
氏名	新橋商事株式会社

出納印
×2.5.29
T銀行

Q130 当座勘定照合表(入出金明細)にもとづいた仕訳

重要度 A

チェック

取引銀行のインターネットバンキングサービスから当座勘定照合表（入出金明細）を参照したところ、次のとおりであった。5月1日、5月10日の仕訳をしなさい。なお、四谷㈱は当社の取引先であり、商品売買はすべて掛け取引で行っている。

×1年6月1日

当座勘定照合表

新橋商事株式会社様

A銀行新橋支店

取引日	摘　要	お支払金額	お預り金額	取引残高
5. 1	融資ご返済	500		××
5. 1	融資お利息	10		××
5.10	お振込 四谷㈱		100	××
:	:	:	:	:

A 129 証ひょう

（未払消費税）	600	（普通預金）	600

①消費税の確定申告▶消費税の確定申告・納付額▶前期末の決算時に計上した未払消費税の納付▶未払消費税（負債）の減少▶借方

②普通預金口座から振り込み▶普通預金（資産）の減少▶貸方

A 130 証ひょう

5/1	（借入金）	500	（当座預金）	510
	（支払利息）	10		
5/10	（当座預金）	100	（売掛金）	100

5月1日の仕訳

①お支払金額▶当座預金（資産）の減少▶貸方

②融資の返済▶借入金（負債）の減少▶借方

③融資のお利息▶支払利息（費用）の発生▶借方

5月10日の仕訳

①お預り金額▶当座預金（資産）の増加▶借方

②取引先から振り込み＆商品売買はすべて掛け取引
▶売掛金の決済▶売掛金（資産）の減少▶貸方

ポイント

当座勘定照合表に記載される取引は必ず**当座預金**が変動します。まず、取引によって当座預金が増加するのか減少するのか判断しましょう。

本試験演習編

いよいよ、本試験レベルの問題（第1問、第2問、第3問）に挑戦です。
仕訳の極意は「分かるところからうめる」です。多少、難しい問題があってもあきらめずに、金額でも勘定科目でも、分かるところからうめてみてくださいね。

Q1

仕訳問題

第1問対策

チェック

次の取引について仕訳しなさい。ただし、勘定科目は、各取引の下の勘定科目の中から最も適当と思われるものを選び、記号で解答すること。

1. 鹿児島株式会社から商品￥150,000を仕入れ、代金は小切手を振り出して支払った。ただし、当座預金の残高は￥90,000であったが、高崎銀行と当座借越契約を結んでおり、借越限度額は￥200,000である。
   ア．仕入　イ．買掛金　ウ．商品　エ．当座預金
   オ．普通預金　カ．現金

2. 小口現金係から、旅費交通費￥20,000、消耗品費￥10,000および雑費￥15,000の小口現金の使用について報告を受け、同額の小切手を振り出して補給した。なお、当社は、小口現金について定額資金前渡法を採用している。
   ア．雑費　イ．雑益　ウ．消耗品費　エ．通信費
   オ．旅費交通費　カ．当座預金

3. 売掛金￥200,000（前期の掛け売り分）が回収不能となり、貸倒れとして処理した。なお、貸倒引当金の残高は￥125,000であった。
   ア．売上　イ．貸倒引当金　ウ．売掛金
   エ．貸倒引当金繰入　オ．貸倒損失　カ．クレジット売掛金

4. 仕入先との商談のため、従業員を富山まで出張させることとし、旅費の概算額￥50,000を現金で渡した。
   ア．前払金　イ．仮受金　ウ．未払金　エ．現金
   オ．旅費交通費　カ．仮払金

5. 商品￥50,000をクレジットにより販売した。なお、信販会社へのクレジット手数料は販売代金の２％であり販売時に計上する。
   ア．クレジット売掛金　イ．仕入　ウ．支払利息　エ．売上
   オ．支払手数料　カ．売掛金

	借方科目	金　額	貸方科目	金　額
1	(ア)仕　　入	150,000	(エ)当座預金	150,000
2	(オ)旅費交通費 (ウ)消耗品費 (ア)雑　　費	20,000 10,000 15,000	(カ)当座預金	45,000 借方合計
3	(イ)貸倒引当金 (オ)貸倒損失	125,000 75,000 貸借差額	(ウ)売　掛　金	200,000
4	(カ)仮　払　金	50,000	(エ)現　　金	50,000
5	(ア)クレジット売掛金 (オ)支払手数料	49,000 *2 1,000 *1	(エ)売　　上	50,000

＊1　支払手数料：50,000円×２％＝1,000円

＊2　クレジット売掛金：貸借差額

ポイント

1.　当座借越契約を結んでいて、借越限度額の範囲内であれば当座預金残高を超える金額の小切手を振り出すことができます。（基本Q27）

2.　**支払報告と同時に補給**しているので、小口現金勘定は用いません。（基本Q36）

3.　前期に発生した売掛金には貸倒引当金が設定されているので、貸倒引当金を取り崩します。なお、設定している貸倒引当金を超えて貸倒れが生じたときは、その超過額を**貸倒損失（費用）**で処理します。（基本Q88）

4.　旅費交通費の金額がまだ確定していないため、**仮払金（資産）**で処理しておきます。（基本Q59）

5.　クレジットにより商品を売り上げた場合、**クレジット売掛金（資産）**で処理します。また、販売時に計上する信販会社への手数料は**支払手数料（費用）**で処理します。（基本Q37）

Q1

第1問対策

チェック

6. 現金の実際有高が帳簿残高より￥13,200不足していたため、かねて現金過不足勘定で処理していたが、その原因を調査したところ、通信費￥34,800が記入もれであること、および保険料の支払額￥58,000を￥85,000と誤記入していたことが判明した。なお、残額については原因不明のため、雑損または雑益として処理することとした。
ア. 通信費　イ. 現金過不足　ウ. 雑益　エ. 雑損
オ. 現金　カ. 保険料

7. 従業員の給料について源泉徴収していた所得税￥240,000を小切手を振り出して税務署に納付した。
ア. 法定福利費　イ. 従業員立替金　ウ. 所得税預り金
エ. 租税公課　オ. 給料　カ. 当座預金

8. 栃木株式会社は、得意先埼玉株式会社に対する売掛金￥90,000について、同社の承諾を得て電子記録債権の発生記録を行った。
ア. 電子記録債権　イ. 売掛金　ウ. 受取手形
エ. 電子記録債務　オ. 買掛金　カ. 支払手形

9. 鹿児島株式会社へ商品￥140,000に発送のための諸費用￥5,000を加えた合計額で販売し、代金は内金￥50,000を差し引き、残額は同社振り出しの約束手形で受け取った。また、同時に配送業者へ商品を引き渡し、発送のための諸費用￥5,000は現金で支払った。
ア. 仮受金　イ. 現金　ウ. 前受金　エ. 売上　オ. 発送費
カ. 受取手形

10. 電車料金の支払い用としてＩＣカードに現金￥10,000を入金し領収証を受領した。なお、このＩＣカードは営業活動で利用する目的のものであり、ＩＣカードへの入金時には全額費用計上する方法により記帳している。
ア. 立替金　イ. 仮払金　ウ. 通信費　エ. 現金
オ. 当座預金　カ. 旅費交通費

	借方科目	金　額	貸方科目	金　額
6	(ア)通信費 (エ)雑損	34,800 5,400 貸借差額	(イ)現金過不足 (カ)保険料	13,200 27,000*
7	(ウ)所得税預り金	240,000	(カ)当座預金	240,000
8	(ア)電子記録債権	90,000	(イ)売掛金	90,000
9	(ウ)前受金 (カ)受取手形 (オ)発送費	50,000 95,000 5,000	(エ)売上 (イ)現金	145,000 5,000
10	(カ)旅費交通費	10,000	(エ)現金	10,000

＊　支払保険料の過大計上分：85,000円－58,000円＝27,000円

ポイント

6.　現金の実際有高が帳簿残高より少なかったため、現金過不足発生時には、現金の帳簿残高を13,200円減らして実際有高にあわせる処理をしています。

(現金過不足)　13,200　(現　　金)　13,200

①計上されている現金過不足を減らします。→貸方

②記帳もれの**通信費**を計上します。→借方

③保険料の過大計上分27,000円（85,000円　58,000円）を保険料から減らします。→貸方

④貸借差額を**雑損（費用）**で処理します。→借方

基本Q79~Q81

7.　源泉所得税は給料支払時に**所得税預り金（負債）**で処理しているため、納付時にはこれを減らします。　基本Q67

8.　電子記録債権の発生記録を行った場合、**電子記録債権（資産）の増加**として処理します。　基本Q43

9.　内金を受け取ったとき、**前受金（負債）**で処理しているので、売上時にはこれを減らします。また、**売上諸掛り**（発送費用）は**発送費**で処理します。　基本Q16、Q58

10. 電車代金やバス代金について**営業用途で使用するＩＣカードへの入金**については、**旅費交通費（費用）**で処理します。

11. 店舗拡張のため、土地120㎡を1㎡につき¥1,400で購入し、仲介手数料¥4,400および登記料¥5,600とともに、代金は小切手を振り出して支払った。
ア．支払手形　イ．支払手数料　ウ．現金　エ．貯蔵品
オ．土地　カ．当座預金

12. 売掛金¥24,000（当期の掛け売り分）が貸し倒れた。なお、貸倒引当金の残高は¥20,000である。
ア．売掛金　イ．クレジット売掛金　ウ．貸倒引当金
エ．貸倒引当金繰入　オ．売上　カ．貸倒損失

13. 先月仮受金として処理していた内容不明の当座入金額は、徳島株式会社から注文を受けた際の手付金の受取額¥45,000と高知株式会社に対する掛け代金の回収額¥30,000であることが判明した。
ア．仮払金　イ．売掛金　ウ．前払金
エ．クレジット売掛金　オ．仮受金　カ．前受金

14. 銀行にて新たに当座預金口座を開設するために、¥1,000,000を普通預金口座から当座預金口座に振り替えて入金した。なお、新しい当座預金口座にて用いる小切手帳の交付を受け、手数料として¥3,000を銀行に現金で支払った。
ア．当座預金　イ．現金　ウ．普通預金　エ．支払手数料
オ．受取手数料　カ．支払利息

15. 千葉株式会社は、第3期の株主総会において、繰越利益剰余金¥500,000の一部を次のように配当および処分する決定を行った。
利益準備金の積み立て：¥10,000
株主配当金：¥100,000
ア．損益　イ．未払配当金　ウ．繰越利益剰余金
エ．資本金　オ．当座預金　カ．利益準備金

	借方科目	金　額	貸方科目	金　額
11	(オ)土　地	178,000 *	(カ)当座預金	178,000
12	(カ)貸倒損失	24,000	(ア)売掛金	24,000
13	(オ)仮受金	75,000 貸方合計	(カ)前受金 (イ)売掛金	45,000 30,000
14	(ア)当座預金 (エ)支払手数料	1,000,000 3,000	(ウ)普通預金 (イ)現　金	1,000,000 3,000
15	(ウ)繰越利益剰余金	110,000	(カ)利益準備金 (イ)未払配当金	10,000 100,000

＊　1,400円×120㎡＋4,400円＋5,600円＝178,000円

ポイント

11. 仲介手数料、登記料などの**付随費用は固定資産の取得原価に含めます。**
(基本Q71)

12. 当期に発生した売掛金が貸し倒れたときは、全額**貸倒損失（費用）**で処理します。
(基本Q86)

13. **仮受金（負債）**の内容が判明したら、その勘定科目（注文を受けた際の手付金は**前受金**、掛け代金の回収額は**売掛金**）に振り替えます。
(基本Q63)

14. 普通預金口座から自らがいったんお金を引き出して、新しい当座預金口座に入金するのではなく、銀行口座間でお金を動かすことになるため、仕訳においては、出金する**普通預金（資産）の減少**と入金される**当座預金（資産）の増加**として処理します。なお、**小切手帳の手数料の支払いは支払手数料（費用）の増加**として処理します。

15. 剰余金の配当を行った場合、**繰越利益剰余金（資本）の減少**として処理します。また、利益準備金を積み立てた場合には、**利益準備金（資本）の増加**として処理します。なお、株主配当金については、配当を決定しただけで、まだ配当としていないので**未払配当金（負債）**として処理します。
(基本Q105)

Q2 仕訳問題

第1問対策

チェック

次の取引について仕訳しなさい。ただし、勘定科目は、各取引の下の勘定科目の中から最も適当と思われるものを選び、記号で解答すること。

1. 決算に際して、期中に購入した郵便切手￥50,000のうち、未使用残高が￥3,000あった。
   ア．貯蔵品　イ．租税公課　ウ．消耗品費　エ．未収入金
   オ．通信費　カ．現金

2. 得意先富士株式会社に商品￥450,000を売り上げ、代金のうち￥85,000はかねて受け取っていた手付金を充当し、￥250,000は富士株式会社が振り出した約束手形を受け取り、残額は掛けとした。
   ア．未払金　イ．前受金　ウ．売上　エ．前払金
   オ．受取手形　カ．売掛金

3. 渋谷株式会社は、保有している他社発行の商品券￥50,000を取引銀行を通じて精算し、現金で受け取りただちに当座預金口座へ振り込んだ。
   ア．受取手形　イ．現金　ウ．当座預金　エ．受取商品券
   オ．仮受金　カ．貯蔵品

4. かねて注文しておいた商品￥60,000を仕入先琵琶株式会社から仕入れ、注文時に支払った手付金￥10,000を控除し、残額については小切手を振り出して支払った。なお、引取運賃￥500については現金で支払った。
   ア．現金　イ．支払手数料　ウ．仕入　エ．仮払金
   オ．前払金　カ．当座預金

5. 営業用の自動車（取得原価￥200,000、残存価額：取得原価の10%、耐用年数４年）を３年間使用し、すでに３期（決算年１回）にわたって減価償却をしてきたが、この自動車を期首に￥25,000で売却し、代金は月末に受け取ることにした。ただし、減価償却費の計算は定額法、記帳方法は間接法を用いている。
   ア．未払金　イ．未収入金　ウ．固定資産売却益
   エ．固定資産売却損　オ．車両運搬具　カ．減価償却累計額

	借方科目	金　額	貸方科目	金　額
1	(ア)貯蔵品	3,000	(オ)通信費	3,000
2	(イ)前受金 (オ)受取手形 (カ)売掛金	85,000 250,000 115,000 貸借差額	(ウ)売上	450,000
3	(ウ)当座預金	50,000	(エ)受取商品券	50,000
4	(ウ)仕入	60,500 引取運賃を含める	(オ)前払金 (カ)当座預金 (ア)現金	10,000 50,000 500
5	(カ)減価償却累計額 (イ)未収入金 (エ)固定資産売却損	135,000* 25,000 40,000 貸借差額	(オ)車両運搬具	200,000

*　3年間使用→3年分の減価償却累計額を計算

$$\rightarrow 200{,}000\text{円} \times 0.9 \times \frac{3\text{年}}{4\text{年}} = 135{,}000\text{円}$$

ポイント

1.　購入時に**通信費（費用）**として処理したもののうち、決算において未使用分を**貯蔵品（資産）**に振り替えます。（基本Q83）
2.　手付金を受け取ったとき、**前受金（負債）**として処理しているので、売上時にはこれを減らします。また、手形を**受け取ったとき**は、**受取手形（資産）の増加**として処理します。（基本Q41、Q58）
3.　保有する他社発行の商品券を精算した場合、**受取商品券（資産）の減少**として処理します。（基本Q69）
4.　手付金を支払ったとき、**前払金（資産）**として処理しているので、仕入時にはこれを減らします。また、特に指示がない場合の**仕入諸掛り**（引取運賃など）は、**仕入原価に含めて処理**します。（基本Q15、Q56）
5.　**間接法**で記帳しているため、減価償却累計額を減らします。（基本Q92）

6. 営業用の自動車に係る自動車税￥40,000を現金で納付した。
ア．当座預金　イ．車両運搬具　ウ．仮払金　エ．現金
オ．保険料　カ．租税公課

7. 従業員への給料の支払いにあたって、給料総額￥440,000のうち、先に立替払いしていた従業員の生命保険料￥22,000と、所得税の源泉徴収分￥44,000を差し引き、残額を当座預金口座から従業員の普通預金口座へ振り込んだ。
ア．所得税預り金　イ．従業員立替金　ウ．現金
エ．当座預金　オ．法定福利費　カ．給料

8. ×４年10月31日に不用となった冷暖房機（購入日：×１年11月１日、取得原価：￥160,000、減価償却方法：定額法、耐用年数：６年、残存価額：取得原価の10％、記帳方法：間接法、決算日：10月31日）を￥40,000で売却し、代金は先方振出の小切手で受け取った。なお、当期分の減価償却費の計上もあわせて記入すること。
ア．固定資産売却益　イ．備品　ウ．減価償却費
エ．固定資産売却損　オ．現金　カ．備品減価償却累計額

9. 浅間株式会社から、年利率４％、期間３か月の条件で￥200,000を借り入れ、現金を受け取った。なお、利息を含めた金額の約束手形を浅間株式会社宛てに振り出した。利息は月割計算するものとし、約束手形の振り出しに伴う債務は手形金額で記帳すること。
ア．支払利息　イ．受取利息　ウ．現金　エ．手形借入金
オ．支払手形　カ．借入金

10. 決算日において、売上および受取利息の勘定残高を損益勘定に振り替えた。なお、当期中の総売上高は￥234,000、戻り高は￥7,000であった。また当期中の利息受取高は￥10,000、決算日における未収高は￥800であった。
ア．損益　イ．売上　ウ．受取利息　エ．未収入金
オ．売掛金　カ．受取手数料

	借方科目	金額	貸方科目	金額
6	(カ)租税公課	40,000	(エ)現金	40,000
7	(カ)給料	440,000	(イ)従業員立替金 (ア)所得税預り金 (エ)当座預金	22,000 44,000 374,000 貸借差額
8	(カ)備品減価償却累計額 (ウ)減価償却費 (オ)現金 (エ)固定資産売却損	48,000＊1 24,000＊2 40,000 48,000 貸借差額	(イ)備品	160,000
9	(ウ)現金 (ア)支払利息	200,000 2,000＊3	(エ)手形借入金	202,000
10	(イ)売上 (ウ)受取利息	227,000＊4 10,800＊5	(ア)損益	237,800 借方合計

＊1　購入日から前期末まで２年→２年分の減価償却累計額

$$\rightarrow 160{,}000円 \times 0.9 \times \frac{2年(×1年11/1〜×3年10/31)}{6年} = 48{,}000円$$

＊2　当期分の減価償却費 → 160,000円×0.9÷６年＝24,000円

＊3　$200{,}000円 \times 4\% \times \frac{3か月}{12か月} = 2{,}000円$

＊4　234,000円－7,000円＝227,000円

＊5　10,000円＋800円＝10,800円

ポイント

6.　営業用の自動車に係る自動車税は**租税公課（費用）**で処理します。
基本Q75

7.　従業員の生命保険料を立替払いしたときに**従業員立替金（資産）**で処理しているため、これを減らします。また、所得税の源泉徴収分は**所得税預り金（負債）**で処理します。
基本Q64、Q66

8.　**間接法**のため、購入日から前期末までの備品減価償却累計額を減らします。また当期分の減価償却費を計上します。
基本Q93

9.　借用証書に代えて約束手形を振り出しているので借入債務は**手形借入金（負債）**で処理します。
基本Q50

10. 収益の各勘定残高は損益勘定の貸方に振り替えます。なお、売上高は返品後の純売上高を、受取利息は未収分を含めた金額を振り替えます。
基本Q98〜Q100

Q2

第1問対策

チェック

11. 現金￥126,000を当社の普通預金口座へ振り込んだ。
ア．定期預金　イ．売掛金　ウ．普通預金　エ．当座預金
オ．買掛金　カ．現金

12. 広島株式会社は設立につき１株当たり￥8,000で50株の株式を発行し、￥400,000の払込みを受けた。払込金額は普通預金口座へ払い込まれた。
ア．普通預金　イ．利益剰余金　ウ．現金　エ．資本金
オ．繰越利益剰余金　カ．当座預金

13. 当期の決算の結果、当期純利益￥573,500を計上した。
ア．利益剰余金　イ．法人税等　ウ．繰越利益剰余金
エ．租税公課　オ．損益　カ．資本金

14. 前期の決算において計上した未払法人税等￥224,000について、確定申告を行い小切手を振り出して納付した。
ア．法人税等　イ．当座預金　ウ．仮払法人税等　エ．現金
オ．仮受金　カ．未払法人税等

15. 事務所として使用する目的で建物を賃借する契約を締結し、１か月分の賃料￥120,000と敷金￥240,000を普通預金口座から支払った。
ア．支払家賃　イ．建物　ウ．支払手数料　エ．差入保証金
オ．普通預金　カ．減価償却費

	借方科目	金　額	貸方科目	金　額
11	(ウ)普通預金	126,000	(カ)現金	126,000
12	(ア)普通預金	400,000	(エ)資本金	400,000
13	(オ)損益	573,500	(ウ)繰越利益剰余金	573,500
14	(カ)未払法人税等	224,000	(イ)当座預金	224,000
15	(エ)差入保証金 (ア)支払家賃	240,000 120,000	(オ)普通預金	360,000

ポイント

11．現金を普通預金口座へ預け入れたときには、**現金（資産）の減少**として処理するとともに**普通預金（資産）の増加**として処理します。

基本Q29

12．設立時に株式を発行して資金を調達したときは、原則として払込金額の全額を**資本金（資本）の増加**として処理します。 基本Q102

13．株式会社では、当期純利益を**損益勘定**から**繰越利益剰余金（資本）**の**貸方**に振り替えます。 基本Q100、Q104

14．確定申告を行い法人税等を納付したときには、**未払法人税等（負債）の減少**として処理します。 基本Q109

15．建物を借りたさいに賃借料を支払ったときには、**支払家賃（費用）の増加**として処理します。また、敷金については**差入保証金（資産）の増加**として処理します。 基本Q70

第2問
対策

チェック

Q1 補助簿の選択

当社は取引を記帳するにあたって、主要簿のほかに（A）に示した補助簿を用いている。（B）の取引について、どの補助簿に記入されるか、補助簿の記号を答えなさい。

（A）補助簿

ア. 現金出納帳
イ. 当座預金出納帳
ウ. 仕入帳
エ. 売上帳
オ. 支払手形記入帳
カ. 受取手形記入帳
キ. 商品有高帳
ク. 仕入先元帳
ケ. 得意先元帳
コ. 固定資産台帳

（B）取引

1. 青森株式会社より商品￥1,000を仕入れ、代金のうち￥800は約束手形を振り出し、残額は掛けとした。

2. 秋田株式会社へ商品￥2,000に送料￥100を加えた合計額で販売し、合計額￥2,100のうち￥1,500は秋田株式会社振出、当社宛の約束手形を受け取り、残額は掛けとした。また、同時に配送業者へ商品を引き渡し、送料￥100は現金で支払った。

3. 先日、新潟株式会社に売り上げた商品￥500が返品された。なお、代金は掛代金から控除することにした。

4. 建物￥1,000を購入する契約をし、その引き渡しを受けた。代金については当座預金口座から振り込んだ。

1.ウ、オ、キ、ク
2.ア、エ、カ、キ、ケ
3.エ、キ、ケ
4.イ、コ

取引の仕訳

1.	(仕　　入) ウ 仕入帳・キ 商品有高帳	1,000	(支払手形) オ 支払手形記入帳	800
			(買　掛　金) ク 仕入先元帳	200
2.	(受取手形) カ 受取手形記入帳	1,500	(売　　上) エ 売上帳・キ 商品有高帳	2,100
	(売　掛　金) ケ 得意先元帳	600		
	(発　送　費)	100	(現　　金) ア 現金出納帳	100
3.	(売　　上) エ 売上帳・キ 商品有高帳	500	(売　掛　金) ケ 得意先元帳	500
4.	(建　　物) コ 固定資産台帳	1,000	(当座預金) イ 当座預金出納帳	1,000

ポイント

・仕入取引や売上取引は、商品の移動があるので商品有高帳にも記入します。
・返品（仕入戻し、売上戻り）は、商品の移動があるので商品有高帳にも記入します。
・有形固定資産を管理するために作成する帳簿を固定資産台帳といい、固定資産の取得から減価償却、売却などの処分に至るまでの経緯を資産ごとに記録します。

Q2 伝　票

第2問対策

チェック

次の伝票はそれぞれある１つの取引について伝票を作成したものである。それぞれの伝票から取引を推定し、仕訳を示しなさい。

(1)

振　替　伝　票			
仕　入	40,000	買掛金	40,000

出金伝票	
買掛金	15,000

(2)

振　替　伝　票			
受取手形	20,000	売　上	20,000

入金伝票	
売　上	15,000

Q3 伝　票

第2問対策

チェック

次の取引について、以下の伝票に記入しなさい。

【取引】

土地￥80,000を￥90,000で売却し、代金のうち￥60,000は現金で受け取り、残額は月末に受け取ることとした。

振　替　伝　票			
(　　　　)	90,000	土　　地	80,000
		(　　　　)	(　　　　)

入金伝票	
(　　　　)	(　　　　)

A 2

(1)	(仕　　入)	40,000	(買　掛　金)	25,000
			(現　　金)	15,000
(2)	(受 取 手 形)	20,000	(売　　上)	35,000
	(現　　金)	15,000		

(1)①振替伝票の仕訳

(仕　　入)　40,000　(買　掛　金)　40,000

②出金伝票の仕訳

(買　掛　金)　15,000　(現　　金)　15,000

①と②をまとめた仕訳が解答の仕訳です。

(2)①振替伝票の仕訳

(受 取 手 形)　20,000　(売　　上)　20,000

②入金伝票の仕訳

(現　　金)　15,000　(売　　上)　15,000

①と②をまとめた仕訳が解答の仕訳です。

基本Q114～Q118

A 3

振　替　伝　票

(未 収 入 金)	90,000	土　　地	80,000
		(固定資産売却益)	(10,000)

入 金 伝 票

(未 収 入 金)　(　60,000)

取引の仕訳

(現　　金)　60,000　(土　　地)　80,000

(未 収 入 金)　30,000　(固定資産売却益)　10,000

振替伝票の借方金額が90,000円なので、代金の全額を月末に受け取ること（未収入金）とし、そのうち60,000円についてただちに入金があったとして起票していることが分かります。

ポイント

一部現金取引の起票方法には取引を分解して起票する方法（本試験・第2問対策Q４）と取引を擬制して起票する方法（本問）があります。

基本Q118

Q4 伝　票

第2問対策

チェック

次の取引について、以下の伝票に記入しなさい。

【取引】

従業員の給料￥500,000から所得税￥50,000を源泉徴収し、残額を現金で支払った。

振　替　伝　票

(　　　　)	50,000	(　　　　)	50,000

出金伝票

(　　　　)	450,000

Q5 訂正仕訳

第2問対策

チェック

決算に際し、次の誤りを発見した。よって、これを訂正するための仕訳を示しなさい。

原因が不明であった現金過不足は家賃の受取額￥12,000の記入もれによることと、広告宣伝費の支払額￥7,000が二重記帳されていたことにより生じたことが判明したが、これを以下のように仕訳していた。

(広告宣伝費)	7,000	(受取家賃)	12,000
(現金過不足)	5,000		

A 4

第2問対策

振替伝票			
（給　　料）	50,000	（所得税預り金）	50,000

出金伝票	
（給　　料）	450,000

取引の仕訳

（給　　料）	500,000	（所得税預り金）	50,000
		（現　　金）	450,000

振替伝票の金額が50,000円なので、貸方科目は所得税預り金、相手勘定（借方）が給料ということが分かります。したがって、この問題は、取引を２つに分けて起票していることが分かります。

基本Q117

A 5

第2問対策

（現金過不足）	14,000	（広告宣伝費）	14,000

①誤った仕訳の逆仕訳

（受取家賃）	12,000	（広告宣伝費）	7,000
		（現金過不足）	5,000

②正しい仕訳

（現金過不足）	19,000	（受取家賃）	12,000
		（広告宣伝費）	7,000

①と②をまとめた仕訳が解答の仕訳です。

ポイント

広告宣伝費が二重記帳されているために生じた現金過不足なので、正しい仕訳では１つを取り消します。

Q6 決算振替仕訳

第2問対策

チェック

(1)次の受取利息勘定の決算整理後の記入状況にもとづいて、この収益の勘定から損益勘定へ振り替える決算仕訳を示しなさい。

受　取　利　息

前受利息	1,000	貸 付 金	56,000
		未収利息	20,000

(2)次の支払家賃勘定の決算整理後の記入状況にもとづいて、この費用の勘定から損益勘定へ振り替える決算仕訳を示しなさい。

支　払　家　賃

現　　　金	72,000	前払家賃	6,000

Q7 決算振替仕訳

第2問対策

チェック

次の資料にもとづいて、決算日の日付で行う損益勘定から繰越利益剰余金勘定へ振り替える仕訳を示しなさい。

3/31　決算日につき、当期純利益を損益勘定から繰越利益剰余金勘定へ振り替える。なお、当期純利益は￥240,000であった。

A6

第2問対策

(1)	(受　取　利　息)	75,000*1	(損　　　　益)	75,000
(2)	(損　　　　益)	66,000	(支　払　家　賃)	66,000*2

＊1　受取利息勘定の貸借差額
56,000円＋20,000円－1,000円＝75,000円

＊2　支払家賃勘定の貸借差額
72,000円－6,000円＝66,000円

ポイント

収益は損益勘定の**貸方**に、**費用**は損益勘定の**借方**に振り替えます。なお、振り替える金額は決算整理後の勘定残高（各勘定の貸借差額）です。

基本Q98～Q100

A7

第2問対策

(損　　　　益)	240,000	(繰越利益剰余金)	240,000

ポイント

当期純利益（純損失）は繰越利益剰余金勘定に振り替えられます。

基本Q100

Q8 証ひょう

第2問
対策

チェック

取引銀行のインターネットバンキングサービスから普通預金口座の入出金明細を参照したところ、次のとおりであった。なお、給与の振込額は、所得税の源泉徴収額￥3,000を差し引いた金額である。

入出金明細

取引日	内　容	出金金額	入金金額	取引残高
3. 25	給与のお振込み	60,000		××
3. 25	振込手数料	200		××
:	:	:	:	:

上記、入出金明細にもとづいて3月25日において必要な仕訳を答えなさい。なお、勘定科目は次の中から選ぶこと。

現金　当座預金　普通預金　給料
所得税預り金　支払手数料

3／25	（給　　料）	63,000*1	（所得税預り金）	3,000
	（支払手数料）	200	（普 通 預 金）	60,200*2

3月25日の仕訳

①給与の振り込み▶給料（費用）の発生▶借方

②所得税の源泉徴収額▶所得税預り金（負債）の増加▶貸方

③出金金額▶普通預金（資産）の減少▶貸方

④振込手数料▶支払手数料（費用）の発生▶借方

＊1　60,000円＋3,000円＝63,000円

＊2　60,000円＋200円＝60,200円

基本Q119～Q130

Q9 勘定記入（経過勘定）

第2問対策

チェック

下記の［資料］にもとづいて各勘定に記入する勘定科目、語句または金額を答えなさい。なお、当期の会計期間は、X5年4月1日からX6年3月31日までとする。

［資料］

X5年4月1日　前期末に計上した前払保険料勘定￥600について期首再振替仕訳を行う。

X5年10月1日　保険料1年分を普通預金口座から支払った。なお、保険料の支払いは毎期10月1日に1年分を前払いしている。当期を含め、1年分の金額に変更はない。

X6年3月31日　本日決算につき、保険料の未経過額を月割計算により計上する（決算整理仕訳）。

X6年3月31日　決算整理後の保険料勘定の残高を損益勘定に振り替える（決算振替仕訳）。

（注）解答にあたっては上記に示した資料以外を考慮する必要はない。

保　険　料

X5年4月1日	（　　）	（　　）	X6年3月31日	（　　）	（　　）
X5年10月1日	普通預金	（　　）	X6年3月31日	（　　）	（　　）
		（　　）			（　　）

（　　）保　険　料

X5年4月1日	前期繰越	600	X5年4月1日	（　　）	（　　）
X6年3月31日	（　　）	（　　）	X6年3月31日	（　　）	（　　）
		（　　）			（　　）

保険料

X5年4月1日	(前払保険料)	(600)	X6年3月31日	(前払保険料)	(600)
X5年10月1日	普通預金	(1,200)	X6年3月31日	(損　　益)	(1,200)
		(1,800)			(1,800)

(前払)保険料

X5年4月1日	前期繰越	600	X5年4月1日	(保険料)	(600)
X6年3月31日	(保険料)	(600)	X6年3月31日	(次期繰越)	(600)
		(1,200)			(1,200)

取引の仕訳

X5年4月1日　期首再振替仕訳

(保険料)	600	(前払保険料)	600

X5年10月1日　当期の保険料支払いの仕訳

(保険料)	1,200*	(普通預金)	1,200

＊　600円÷6か月＝100円（1か月分の保険料）
100円×12か月＝1,200円（1年分の保険料）

X6年3月31日　決算整理仕訳（前払処理）

(前払保険料)	600*	(保険料)	600

＊　100円×6か月＝600円（X6年4月1日～X6年9月30日までの保険料）

X6年3月31日　決算振替仕訳

(損益)	1,200	(保険料)	1,200

ポイント

保険料は10月1日に毎年同額を1年分支払っています。したがって、保険料勘定の決算整理前残高は期首に行った再振替仕訳分（6か月分）と×5年10月1日に支払った12か月分の合計18か月分になります。
このうち、×6年4月1日から×6年9月30日までの6か月分を次期の費用とする仕訳（前払処理）を行います。 基本Q94～Q101

第2問対策

チェック

Q10 勘定記入（貯蔵品勘定）

下記の［資料］にもとづいて各勘定に記入する勘定科目、語句または金額を答えなさい。なお、当期の会計期間は、Ｘ５年４月１日からＸ６年３月31日までとする。

［資料］

(1)Ｘ５年４月１日　前期末決算に計上した切手の未使用高¥300を費用勘定へ振り替えた。

(2)Ｘ５年８月２日　郵便局で切手¥500を購入し、現金で支払った。

(3)Ｘ６年３月31日　切手の未使用高¥400を、適切な科目へ振り替えた。

(4)Ｘ６年３月31日　費用の勘定の残高を損益勘定へ振り替えた。

通　信　費

X5年4月1日	(　　　)	(　　)	X6年3月31日	(　　　)	(　　)
X5年8月2日	現　金	500	X6年3月31日	(　　　)	(　　)
		(　　)			(　　)

貯　蔵　品

X5年4月1日	前期繰越	300	X5年4月1日	(　　　)	(　　)
X6年3月31日	(　　　)	(　　)	X6年3月31日	(　　　)	(　　)
		(　　)			(　　)

通　信　費

X5年4月1日	(貯　蔵　品)	(300)	X6年3月31日	(貯　蔵　品)	(400)
X5年8月2日	現　　　金	500	X6年3月31日	(損　　　益)	(400)
		(800)			(800)

貯　蔵　品

X5年4月1日	前期繰越	300	X5年4月1日	(通　信　費)	(300)
X6年3月31日	(通　信　費)	(400)	X6年3月31日	(次期繰越)	(400)
		(700)			(700)

取引の仕訳

(1)　X5年4月1日　期首再振替仕訳

(通　信　費)	300	(貯　蔵　品)	300

(2)　X5年8月2日　切手を購入した時の仕訳

(通　信　費)	500	(現　　　金)	500

(3)　X6年3月31日　決算整理仕訳（通信費勘定から貯蔵品勘定への振り替え）

(貯　蔵　品)	400	(通　信　費)	400

(4)　X6年3月31日　決算振替仕訳

(損　　　益)	400	(通　信　費)	400

ポイント

貯蔵品として処理するものは、切手の未使用高のほかに収入印紙の未使用高などがあります。

基本Q76、Q83、Q98~Q101

Q1 決算整理仕訳　現金過不足の整理

第3問対策

チェック

次の精算表（一部）と決算整理事項等から必要な仕訳を示しなさい（当期：×1年4月1日～×2年3月31日）。

精算表（一部）

勘定科目	試算表		修正記入		損益計算書		貸借対照表	
	借方	貸方	借方	貸方	借方	貸方	借方	貸方
現　　金	8,100							
現金過不足	310							
給　　料	28,000							
：								
雑（　　）								

・現金過不足のうち￥200は、従業員に対して給料￥1,200を現金で支払った際に、この取引を誤って￥1,000と記帳したことによるものであることが判明した。しかし、残額については原因が不明であるので、雑益または雑損として処理することにした。

Q2 決算整理仕訳　貸倒引当金の設定

第3問対策

チェック

次の精算表（一部）と決算整理事項等から必要な仕訳を示しなさい（当期：×1年4月1日～×2年3月31日）。

精算表（一部）

勘定科目	試算表		修正記入		損益計算書		貸借対照表	
	借方	貸方	借方	貸方	借方	貸方	借方	貸方
受取手形	8,000							
売掛金	9,400							
仮受金		1,000						
貸倒引当金		500						
貸倒引当金繰入								

①　売掛金の手形による回収額が￥4,500であったが、この取引が￥3,400として誤記入されていることが判明したため、この訂正を行う。

②　仮受金は全額売掛金の回収額であることが判明した。

③　受取手形および売掛金の合計金額に対して、差額補充法により5％の貸倒引当金を計上する。

(給　　　料)	200*1	(現金過不足)	310
(雑　　　損)	110*2		

＊1　給料200円（1,200円－1,000円）が過小→追加計上→借方

＊2　310円－200円＝110円

精算表（一部）

勘定科目	試算表		修正記入		損益計算書		貸借対照表	
	借方	貸方	借方	貸方	借方	貸方	借方	貸方
現　　　金	8,100						8,100	
現金過不足	310			310				
給　　　料	28,000		200		28,200			
：								
雑（ 損 ）			110		110			

ポイント

決算整理仕訳において借方に金額が生じるので、**雑損**（費用）と記入します。現金過不足は期末に全額振り替えるため、貸借対照表にあらわれません。

基本Q79～Q81

①(受 取 手 形)	1,100 *1	(売　掛　金)	1,100
②(仮　受　金)	1,000	(売　掛　金)	1,000
③(貸倒引当金繰入)	320	(貸 倒 引 当 金)	320 *2

＊1　本来、4,500円と記入すべきところ、3,400円と過小に記入
　　→差額1,100円（4,500円－3,400円）を追加計上

＊2　(9,100円＋7,300円)×5％－500円＝320円

精算表（一部）

勘定科目	試算表		修正記入		損益計算書		貸借対照表	
	借方	貸方	借方	貸方	借方	貸方	借方	貸方
受 取 手 形	8,000		1,100				9,100	
売　掛　金	9,400			1,100 1,000			7,300	
仮　受　金		1,000	1,000					
貸 倒 引 当 金		500		320				820
貸倒引当金繰入			320		320			

ポイント

修正事項を加味したあとの受取手形および売掛金の期末残高に貸倒引当金を設定することに注意！

基本Q63、Q85

Q3 決算整理仕訳　売上原価の算定

第3問
対策

チェック

次の精算表（一部）と決算整理事項等から必要な仕訳を示しなさい（当期：×１年４月１日～×２年３月31日）。

精算表（一部）

勘定科目	試算表		修正記入		損益計算書		貸借対照表	
	借方	貸方	借方	貸方	借方	貸方	借方	貸方
：								
繰越商品	2,800							
：								
仕入	62,300							

・商品の期末棚卸高は￥3,000である。売上原価は「仕入」の行で計算する。

Q4 決算整理仕訳　当座借越の振り替え

第3問
対策

チェック

次の精算表（一部）と決算整理事項等から必要な仕訳を示しなさい（当期：×1年４月１日～×2年３月31日）。

精算表（一部）

勘定科目	試算表		修正記入		損益計算書		貸借対照表	
	借方	貸方	借方	貸方	借方	貸方	借方	貸方
当座預金		150						
（　　　　）								

・決算において、当座預金の貸方残高は￥150である。なお、全額が当座借越によるものであるため、借入金勘定に振り替える。

(仕　　　入)	2,800	(繰 越 商 品)	2,800
(繰 越 商 品)	3,000	(仕　　　入)	3,000

精算表（一部）

勘定科目	試算表		修正記入		損益計算書		貸借対照表	
	借方	貸方	借方	貸方	借方	貸方	借方	貸方
：								
繰越商品	2,800		3,000	2,800			3,000	
：								
仕　　入	62,300		2,800	3,000	62,100			

ポイント

貸借対照表の繰越商品の欄には期末棚卸高が、損益計算書の仕入の欄には売上原価が記入されます。

基本Q84

(当 座 預 金)	150	(借　入　金)	150

精算表（一部）

勘定科目	試算表		修正記入		損益計算書		貸借対照表	
	借方	貸方	借方	貸方	借方	貸方	借方	貸方
当座預金		150	150					
(借 入 金)				150				150

ポイント

借入金勘定ではなく当座借越勘定で処理する場合もあります。

基本Q82

Q5 決算整理仕訳　貯蔵品勘定への振り替え

第3問対策

チェック

次の精算表（一部）と決算整理事項等から必要な仕訳を示しなさい（当期：×1年4月1日～×2年3月31日）。

精算表（一部）

勘定科目	試算表		修正記入		損益計算書		貸借対照表	
	借方	貸方	借方	貸方	借方	貸方	借方	貸方
通信費	500							
租税公課	800							
貯蔵品								

・決算において、未使用の郵便切手￥50と未使用の収入印紙￥200があったため、貯蔵品勘定へ振り替える。

Q6 決算整理仕訳　減価償却費の計算

第3問対策

チェック

次の精算表（一部）と決算整理事項等から必要な仕訳を示しなさい（当期：×１年4月１日～×２年３月31日）。

精算表（一部）

勘定科目	試算表		修正記入		損益計算書		貸借対照表	
	借方	貸方	借方	貸方	借方	貸方	借方	貸方
建物	60,000							
備品	10,800							
建物減価償却累計額		32,400						
備品減価償却累計額		5,400						
減価償却費								

・建物（耐用年数は20年、残存価額は取得原価の10%）および備品（耐用年数は５年、残存価額はゼロ）について、それぞれ定額法を用いて減価償却を行う。

A5

第3問対策

(貯　　蔵　　品)	250	(通　　信　　費)	50
		(租　税　公　課)	200

精算表(一部)

勘定科目	試算表		修正記入		損益計算書		貸借対照表	
	借方	貸方	借方	貸方	借方	貸方	借方	貸方
通　信　費	500			50	450			
租 税 公 課	800			200	600			
貯　蔵　品			250				250	

基本Q83

A6

第3問対策

(減 価 償 却 費)	4,860	(建物減価償却累計額)	2,700 *1
		(備品減価償却累計額)	2,160 *2

＊1　60,000円×0.9÷20年＝2,700円

＊2　10,800円÷5年＝2,160円

精算表(一部)

勘定科目	試算表		修正記入		損益計算書		貸借対照表	
	借方	貸方	借方	貸方	借方	貸方	借方	貸方
建　　物	60,000						60,000	
備　　品	10,800						10,800	
建物減価償却累計額		32,400		2,700				35,100
備品減価償却累計額		5,400		2,160				7,560
減価償却費			4,860		4,860			

ポイント

建物と備品の耐用年数が異なるので計算の際、注意しましょう。

基本Q90

Q7 決算整理仕訳　減価償却費の計算

第3問対策

チェック

次の精算表（一部）と決算整理事項等から必要な仕訳を示しなさい（当期：×１年４月１日～×２年３月31日）。

精算表（一部）

勘定科目	試算表		修正記入		損益計算書		貸借対照表	
	借方	貸方	借方	貸方	借方	貸方	借方	貸方
建　　物	45,000							
建物減価償却累計額		12,000						
減価償却費								

・建物については定額法（耐用年数30年　残存価額：取得原価の10％）により減価償却を行う。なお、建物のうち￥5,000については、×１年12月１日に取得したもので減価償却費は月割計算で行う。

Q8 決算整理仕訳　減価償却費の計算

第3問対策

チェック

次の精算表（一部）と決算整理事項等から必要な仕訳を示しなさい（当期：×４年４月１日～×５年３月31日）。

精算表（一部）

勘定科目	試算表		修正記入		損益計算書		貸借対照表	
	借方	貸方	借方	貸方	借方	貸方	借方	貸方
未収入金	2,000							
備　　品	90,000							
備品減価償却累計額		32,600						
減価償却費								
固定資産売却（　）								

①　備品のうち、×１年４月１日に購入したパソコン￥20,000（耐用年数：５年、残存価額：取得原価の10％、定額法）を本日（決算日）、￥8,500で売却した。なお、売却代金は来月末に振り込まれることとなっており、当期分の減価償却費の計上も行う。

②　備品については定額法（耐用年数５年、残存価額：取得原価の10％）により減価償却を行う。

（減価償却費）1,250＊（建物減価償却累計額）1,250

＊　既存の建物の取得原価：45,000円－5,000円＝40,000円
減価償却費（既存分）：40,000円×0.9÷30年＝1,200円
減価償却費（当期取得分）：5,000円×0.9÷30年×$\frac{4\text{か月}}{12\text{か月}}$＝50円
減価償却費合計：1,200円＋50円＝1,250円

精算表（一部）

勘定科目	試算表		修正記入		損益計算書		貸借対照表	
	借方	貸方	借方	貸方	借方	貸方	借方	貸方
建物	45,000						45,000	
建物減価償却累計額		12,000		1,250				13,250
減価償却費			1,250		1,250			

ポイント

期中に取得した固定資産があるときは、既存の固定資産と当期に取得した固定資産に分けて減価償却費を計算します。なお、当期に取得した固定資産の減価償却費は月割りで計算します。

基本Q91

①（備品減価償却累計額）10,800＊1（備　品）20,000
（減価償却費）3,600＊2（固定資産売却益）2,900
（未収入金）8,500
②（減価償却費）12,600＊3（備品減価償却累計額）12,600

＊1　購入日から前期末までの減価償却累計額
20,000円×0.9×$\frac{3\text{年}(\times1\text{年}4/1\sim\times4\text{年}3/31)}{5\text{年}}$＝10,800円
＊2　20,000円×0.9÷5年＝3,600円
＊3　70,000円×0.9÷5年＝12,600円

精算表（一部）

勘定科目	試算表		修正記入		損益計算書		貸借対照表	
	借方	貸方	借方	貸方	借方	貸方	借方	貸方
未収入金	2,000		8,500				10,500	
備品	90,000			20,000			70,000	
備品減価償却累計額		32,600	10,800	12,600				34,400
減価償却費			16,200		16,200			
固定資産売却（益）				2,900		2,900		

3,600円＋12,600円

貸方に生じるので売却益

基本Q93

Q9 決算整理仕訳　費用収益の前払い・未払い

第3問対策

チェック

次の精算表（一部）と決算整理事項等から必要な仕訳を示しなさい（当期：×1年4月1日～×2年3月31日）。

精算表（一部）

勘定科目	試算表		修正記入		損益計算書		貸借対照表	
	借方	貸方	借方	貸方	借方	貸方	借方	貸方
：								
保　険　料	2,600							
広　告　料	4,100							
：								
前払（　　）								
未払（　　）								

① 保険料の前払分が￥400ある。

② 広告料の未払分が￥300ある。

Q10 決算整理仕訳　費用収益の前受け・未収

第3問対策

チェック

次の精算表（一部）と決算整理事項等から必要な仕訳を示しなさい（当期：×1年4月1日～×2年3月31日）。

精算表（一部）

勘定科目	試算表		修正記入		損益計算書		貸借対照表	
	借方	貸方	借方	貸方	借方	貸方	借方	貸方
：								
受取手数料		1,700						
受 取 利 息		200						
：								
前受（　　）								
未収（　　）								

① 受取手数料の前受分が￥200ある。

② 受取利息の未収分が￥100ある。

①（前払保険料）	400	（保　険　料）	400
②（広　告　料）	300	（未払広告料）	300

精算表（一部）

勘定科目	試算表		修正記入		損益計算書		貸借対照表	
	借方	貸方	借方	貸方	借方	貸方	借方	貸方
：								
保　険　料	2,600			400	2,200			
広　告　料	4,100		300		4,400			
：								
前払（保険料）			400				400	
未払（広告料）				300				300

ポイント

前払費用…すでに払ったので、あとで払わなくてよい → **資産**
未払費用…まだ払っていないので、あとで払わなければならない
→ **負債**

基本Q94～Q97

①（受取手数料）	200	（前受手数料）	200
②（未 収 利 息）	100	（受 取 利 息）	100

精算表（一部）

勘定科目	試算表		修正記入		損益計算書		貸借対照表	
	借方	貸方	借方	貸方	借方	貸方	借方	貸方
：								
受取手数料		1,700	200			1,500		
受 取 利 息		200		100		300		
：								
前受（手数料）				200				200
未収（利　息）			100				100	

ポイント

前受収益…すでに受け取ってしまったのであとで受け取れない
→ **負債**

未収収益…まだ受け取っていないので、あとで受け取れる → **資産**

基本Q94～Q97

Q11 決算整理仕訳　費用の未払い

第3問対策

チェック □□□□□

次の精算表（一部）と決算整理事項等から必要な仕訳を示しなさい（当期：×2年4月1日～×3年3月31日）。

精算表（一部）

勘定科目	試算表		修正記入		損益計算書		貸借対照表	
	借方	貸方	借方	貸方	借方	貸方	借方	貸方
：								
借　入　金		4,000						
支 払 利 息	10							
：								
（　　）利息								

・借入金は、×3年1月1日に借入期間9か月、年利率2％の条件で借り入れたもので、利息は元金とともに返済時に支払うことになっている。利息については月割計算による。

Q12 決算整理仕訳　費用の前払い

第3問対策

チェック □□□□□

次の精算表（一部）と決算整理事項等から必要な仕訳を示しなさい（当期：×2年4月1日～×3年3月31日）。

精算表（一部）

勘定科目	試算表		修正記入		損益計算書		貸借対照表	
	借方	貸方	借方	貸方	借方	貸方	借方	貸方
：								
保　険　料	1,500							
：								
（　　）保険料								

・保険料は全額建物に対する火災保険料で、毎年同じ金額を7月1日に向こう1年分支払っている。

（支払利息）	20	（未払利息）	20*

＊　$4{,}000円 \times 2\% \times \frac{3か月(\times 3年1/1 \sim \times 3年3/31)}{12か月} = 20円$

精算表（一部）

勘定科目	試算表		修正記入		損益計算書		貸借対照表	
	借方	貸方	借方	貸方	借方	貸方	借方	貸方
：								
借入金		4,000						4,000
支払利息	10		＋20		30			
：								
（未払）利息				20				20

ポイント

借入期間は９か月ですが、２％は１年間の利息を計算する際の利率です。また当期の借入期間は３か月です。したがって、１年分の利息を計算したあと$\frac{3か月}{12か月}$を掛けて当期分の支払利息を計算します。

基本Q94～Q97

（前払保険料）	300*	（保険料）	300

＊　$1{,}500円 \times \frac{3か月}{15か月} = 300円$

精算表（一部）

勘定科目	試算表		修正記入		損益計算書		貸借対照表	
	借方	貸方	借方	貸方	借方	貸方	借方	貸方
：								
保険料	1,500			－300	1,200			
：								
（前払）保険料			300				300	

ポイント

保険料は７月１日に毎年同じ金額を１年分支払っています。したがって、試算表の保険料は期首に行った再振替仕訳分（３か月分）と×２年７月１日に支払った12か月分の合計15か月分ということになります。

このうち、×３年４月１日から×３年６月30日までの３か月分を前払処理します。

基本Q94～Q97

究極《きゅうきょく》の仕《し》訳集《わけしゅう》　日商《にっしょう》簿《ぼ》記《き》３級《きゅう》　第《だい》６版《はん》

2014年３月30日　初　版　第１刷発行
2022年３月18日　第６版　第１刷発行
2024年３月12日　　　　　第４刷発行

編　著　者　ＴＡＣ株式会社
（簿記検定講座）
発　行　者　多田敏男
発　行　所　ＴＡＣ株式会社　出版事業部
（ＴＡＣ出版）
〒101-8383
東京都千代田区神田三崎町3-2-18
電話　03(5276)9492(営業)
FAX　03(5276)9674
https://shuppan.tac-school.co.jp
組　　版　朝日メディアインターナショナル株式会社
印　　刷　株式会社　光邦
製　　本　東京美術紙工協業組合

 Printed in Japan　ISBN 978-4-300-10023-3
N.D.C. 336

乱丁・落丁による交換，および正誤のお問合せ対応は，該当書籍の改訂版刊行月末日までといたします。なお，交換につきましては，書籍の在庫状況等により，お受けできない場合もございます。
また，各種本試験の実施の延期，中止を理由とした本書の返品はお受けいたしません。返金もいたしかねますので，あらかじめご了承くださいますようお願い申し上げます。

会計業界の就職サポートは
安心のTAC
TACキャリアエージェントなら
BIG4・国内大手法人
就職支援実績多数!
税理士学習中の方
日商簿記学習中の方
会計士/USCPA学習中の方
会計業界で就業中の方で転職をお考えの方
会計業界でのお仕事に興味のある方
「残業なしで勉強時間を確保したい…」
「簿記3級から始められる仕事はあるの?」
といったご相談も大歓迎です!
スキマ時間に
PC・スマホ・タブレットで
WEB面談実施中!
忙しくて時間の取れない方、遠方にお住まいの方、ぜひご利用ください。
詳細はこちら!
https://tacnavi.com/accountant/web-mendan/
完全予約制
ご相談は無料です。会計業界を知り尽くしたプロのコンサルタントにご相談ください。
※相談時間は原則としてお一人様60分とさせていただきます。
【相談会場】
東京オフィス 03-3518-6775
大阪オフィス 06-6371-5851
名古屋オフィス(登録会場) 0120-757-655
shoukai@tac-school.co.jp
メールでご予約の際は、件名に「相談希望のオフィス」をご入力ください。
(例:相談希望 東京)
会計士・税理士専門の転職サポートサービス
TAC キャリアエージェント